आर्थिक विषमताएं

नोबेल पुरस्कार से सम्मानित अर्थशास्त्री
प्रो. अमर्त्य सेन ने
अर्थशास्त्र को दर्शन तथा नैतिकता से जोड़कर
आर्थिक अध्ययन को एक नया आयाम दिया है।
इस पुस्तक में उन्होंने समाज में फैली विषमताओं
का व्यापक वैज्ञानिक विश्लेषण किया है।

प्रो. अमर्त्य सेन की अन्य महत्वपूर्ण पुस्तकें

हिंसा और अस्मिता का संकट
भारतीय अर्थतन्त्र, इतिहास और संस्कृति
ग़रीबी और अकाल
भारत विकास की दिशाएं
भारतीय राज्यों का सर्वांगीण विकास
आर्थिक विकास और स्वातंत्र्य

आर्थिक विषमताएं

(On Economic Inequality का हिन्दी संस्करण)

नोबेल पुरस्कार से सम्मानित

अमर्त्य सेन

राजपाल

अनुवाद

भवानीशंकर बागला

₹ 275

ISBN : 9788170283010

संस्करण : 2025

AARTHIK VISHAMTAYEN by Amartya Sen

(Hindi edition of *On Economic Inequality*)

मुद्रक : जी.एस. ऑफसेट, दिल्ली

राजपाल एण्ड सन्ज़

1590, मदरसा रोड, कश्मीरी गेट, दिल्ली-110006

फोन : 011-23869812, 23865483, 23867791

website : www.rajpalpublishing.com

e-mail : sales@rajpalpublishing.com

www.facebook.com/rajpalandsons

अन्तरा और नन्दना को

भूमिका

विषमता का विचार बहुत सीधा-सादा है, पर इसमें जटिलता भी बहुत भरी हुई है। एक स्तर पर यह सभी विचारों में सबसे सरल एवं बोधगम्य विचार रहा है, जिसने इतने अधिक लोगों पर अपनी सहज छाप छोड़ी है, कि शायद ही किसी अन्य विचार ने उतनों को प्रभावित किया हो। किन्तु दूसरे स्तर पर विषमता की संकल्पना इतनी जटिल हो जाती है कि इसके बारे में कुछ भी कह पाना अनेक समस्याओं से ग्रस्त हो जाता है। इसी कारण (सदियों से) दार्शनिक, सांख्यिकीविद्, राजनीतिशास्त्री, समाज-शास्त्री एवं अर्थशास्त्री इसके गहन अध्ययन आदि में लगे रहे हैं। प्रस्तुत पुस्तक में हम केवल आर्थिक विषमताओं पर चर्चा कर रहे हैं—यहाँ भी इसकी सरलता-जटिलता का द्वैध स्पष्ट रूप से दिखाई पड़ ही जाएगा। मुझे इस अवधारणा के निरूपण-प्रतिपादन में अनेक तकनीकी विचारों का सहारा लेना पड़ा है एवं कुछ गणितीय प्रविधियों का प्रयोग भी अपरिहार्य रहा है, पर साथ-ही-साथ मैंने ग़ैर-तकनीकी रूप में अवधारणाओं की व्याख्या करने एवं गणितीय प्रविधियों को भी शाब्दिक स्वरूप में समझाने का प्रयास किया है। मुझे आशा है कि ग़ैर-तकनीकी पाठक इस प्रस्तुति के औपचारिक स्वरूप से हतोत्साहित नहीं होंगे। औपचारिक निष्कर्षों का वास्तविक महत्त्व तो अन्ततः सामान्य संवाद में ही परिलक्षित होता है—अर्थात् जिन बातों को लेकर लोग बहस करते हैं, उलझ पड़ते हैं, यदि उनसे औपचारिक निष्कर्षों का कुछ नाता हो तभी वे निष्कर्ष महत्त्वपूर्ण हो पाते हैं—अन्यथा नहीं।

यद्यपि तकनीकी एवं गैर-तकनीकी अनुच्छेदों को अलग-अलग खंडों में विभाजित करने का प्रयास नहीं किया गया है फिर भी जो पाठक तकनीकी चर्चा में रुचि नहीं लेते, उन्हें सूक्तियों की शाब्दिक व्याख्या से सीधे ही निष्कर्षों की व्याख्या पर चले जाने में भी विशेष कठिनाई नहीं होगी—वे तकनीकी एवं औपचारिक विश्लेषण के अनुच्छेदों को नज़रअंदाज़ कर सकते हैं। इस कार्य में पुस्तक में प्रयुक्त अनुच्छेदीय शीर्षक भी पाठक की सहायता ही करेंगे।

यह पुस्तक अनेक प्रकार से मेरे एक पूर्व प्रकाशित ग्रन्थ 'कलेक्टिव चॉयस

एण्ड सोशल वेल्फेयर' में निहित कुछ विचारों और विकास-संवर्धन का ही परिणाम है। उस पुस्तक में जिस विचारक्रम का प्रयोग किया गया था, उसी को यहाँ आर्थिक विषमता के विशेष अध्ययन के लिए इस्तेमाल किया जा रहा है। सामाजिक मूल्यांकन-विश्लेषण के लिए जिन प्रविधियों को वहाँ मैंने अस्वीकार कर दिया था, आर्थिक विषमताओं के परिप्रेक्ष्य में उन्हें और ज़ोर देकर नकारना पड़ रहा है। जिन प्रविधियों का वहाँ मंडन हुआ था, उन्हीं को आर्थिक विषमताओं के संदर्भविशेब में और सुधारा-सँवारा गया है। इस बात को लेकर मुझे किसी से क्षमाप्रार्थी होने की आवश्यकता नहीं प्रतीत होती—पर सभी बातें प्रारम्भ से ही स्पष्ट कर देना मुझे उचित लगता है।

मैं अनेक सहयोगियों एवं विद्वानों का ऋणी हूँ। जिन दिनों रेडक्लिफ़ व्याख्यान माला की तैयारी चल रही थी, उन्हीं दिनों मैं पार्थ दासगुप्ता एवं डेविड स्टारेट (David Starrett) के साथ मिल कर विषमताओं के मापन पर एक शोधपत्र पर भी कार्य कर रहा था। उस शोधपत्र की कुछ सामग्री—विशेष रूप से प्रमेय 3.1 तथा प्रमेय 3.2—के यहाँ प्रयोग के लिए तो मैं उनका आभारी हूँ ही, मैंने उनसे और भी बहुत कुछ सीखा है तथा उस ज्ञान का बहुत खुलकर अपने इस निबंध की रचना एवं परिमार्जन में प्रयोग किया है।

मई 1972 में रेडक्लिफ़ व्याख्यान हुए थे और उनके बाद में हुई चर्चाओं से मुझे बहुत कुछ सीखने का अवसर मिला। अनेक श्रोताओं ने अपने तीखे प्रश्नों द्वारा मुझे और सोचने तथा अपने विचारों को और परिमार्जित करने को बाध्य किया है। इस पुस्तक की रचना के लिए उस व्याख्यानमाला की सामग्री को सुधारने के क्रम में कुछ अंशों का और विस्तार हुआ है, कुछ बातें जिन्हें आख्यानों में रख पाना प्रस्तुति की दृष्टि से उपयुक्त नहीं था, उसे भी शामिल कर लिया गया है (आप सोच ही सकते हैं कि पादटिप्पणी किसी व्याख्यान में कितनी अटपटी होगी !)। साथ-ही-साथ व्याख्यानों पर चर्चा के दौरान उठाए गए प्रश्नों के प्रत्युत्तर आदि की अतिरिक्त सामग्री को भी यहाँ शामिल करना संभव हो सका है। इन्हीं विषयों पर एसेक्स, कोलंबिया, हार्वर्ड विश्वविद्यालयों एवं दिल्ली स्कूल ऑफ इकनामिक्स व भारतीय सांख्यिकी संस्थानों में मेरे व्याख्यानों के बाद की चर्चाओं से भी मुझे बहुत जानकारी प्राप्त हुई है। अनेक अध्येताओं ने अपनी टिप्पणियों एवं आलोचनाओं से मेरे विचारों को और समृद्ध बनाया है—मैं सभी का आभारी हूँ।

और अन्त में, मैं वारविक विश्वविद्यालय, विशेषकर प्रो. ग्राहम पायट (Graham Pyatt) का आभारी हूँ कि उन्होंने रेडक्लिफ़ व्याख्यान के लिए आमंत्रित कर मुझे सम्मानित किया।

—अमर्त्य सेन

यह पुस्तक

प्रख्यात अर्थशास्त्री प्रो. अमर्त्य कुमार सेन की यह रचना 1972 में वारविकशायर विश्वविद्यालय के तत्त्वावधान में आयोजित रैडक्लिफ़ व्याख्यानमाला पर आधारित है। यह व्याख्यानमाला कैन्नेथ ऍरो द्वारा सामाजिक चयन सिद्धान्त के निरूपण में विकसित एवं प्रतिपादित विश्लेषण पद्धति से बहुत प्रभावित रही है। आज भी प्रो. सेन उस पद्धति के कायल हैं। उनका विश्वास है कि सामाजिक चयन के सिद्धान्त सामाजिक नीतियों एवं निर्णय प्रक्रिया से अवश्य संबद्ध होने चाहिए। इनमें सामाजिक चिन्तन-मनन को प्रभावित करने की क्षमता एवं इस क्रम में उठे प्रश्नों का निराकरण करने तथा आलोचनाओं के आधार पर अपनी सैद्धांतिक, व्यावहारिक एवं संरचनात्मक त्रुटियों को स्वीकार करने और सुधारने की तत्परता भी होनी चाहिए। तभी ये सिद्धान्त वास्तव में समाज के लिए उपयोगी सिद्ध हो पाएंगे।

इस पुस्तक में प्रो. सेन ने विषमता के विचार से सहज स्वरूप की अन्तर्निहित जटिलताओं की बहुत सटीक विवेचना की है। समता एवं विषमता के प्रश्नों पर न जाने कब से दार्शनिक, राजनीतिविद्, समाजशास्त्री, अर्थशास्त्री एवं सांख्यिकीविद् शोध एवं मनन करते रहे हैं किन्तु समस्या के किसी सर्वग्राह्य एवं सर्वव्यापी रूपक पर सर्वानुमति संभव नहीं हो पायी है। प्रो. सेन ने जहाँ सामान्य से लगने वाले विचारों की शाब्दिक व्याख्या की है, वहीं उनका आग्रह रहा है कि गणितीय सूत्रों के रूप में उन्हीं विचारों का निरूपण करने पर उनकी कुछ त्रुटियाँ सहज स्पष्ट हो जाती हैं तो कई बार ऐसी विश्लेषणात्मक विशिष्टताओं की उपलब्धि भी सम्भव हो जाती है जिनकी ओर शाब्दिक व्याख्या करते समय अध्येताओं का ध्यान ही नहीं जाता। इन्हीं कारणों से वे अनेक परिस्थितियों में गणितीय विश्लेषण का सहारा लेकर विचार क्रम को अधिक परिष्कृत स्वरूप प्रदान करना अपरिहार्य मानते हैं। साथ ही वे विश्लेषण विधा की संभावित सीमाओं के प्रति भी सजग रहते हैं। उन्हें किसी भी स्थिति में यह स्वीकार करने में कोई हिचकिचाहट नहीं होती कि अभी तक विकसित हो पायी विश्लेषण-पद्धतियों एवं चिन्तनधाराओं से तो हम केवल किसी बिन्दु-विशेष तक ही

वैचारिक यात्रा को ले जा सकते हैं। उससे आगे की यात्रा की अनेक जानी-अनजानी कठिनाइयों और सम्भावित पगबाधाओं की ओर ध्यान दिला कर यह कह पाना कि भविष्य में अनेक विद्वान अपने अनुभव एवं ज्ञान के आधार पर सम्भवतः उनसे (प्रो. सेन से) अधिक अच्छी, एवं व्यापक व्याख्या कर पाएंगे, उनकी विनम्रता का ही परिचायक है !

इस पुस्तक का आरम्भ क्षेम अर्थशास्त्र, उपयोगितावाद एवं समता के विचारों एवं संकल्पनाओं की समीक्षा से किया गया है। इसके उपरान्त 'मापन' की विधियों एवं प्रकारान्तरों की विवेचना की गई है। फिर निरन्तर यह प्रयास रहा है कि अपेक्षाकृत कम बाध्यताकारी मान्यताओं के प्रयोग के आधार पर विषमताओं का आकलन-विवेचन हो सके। इसी संदर्भ में अनेक रूढ़ किन्तु विषमतामापन की दृष्टि से अनुपयोगी संकल्पनाओं के त्रुटिपूर्ण स्वरूप को उजागर करने का कार्य विद्वान लेखक ने किया है। इनमें से प्रमुख संकल्पना तो पैरेटो-उपयुक्तता की ही है। फिर प्रो. सेन ने सामाजिक क्षेमफलनों की संकल्पना को कैन्नेथ ऍरो द्वारा इंगित 'पाश' से मुक्त करने का प्रयास किया है तथा समझाया है कि कुछ-न-कुछ 'रास्ता' तो निकल ही सकता है। व्यक्तियों के बीच क्षेम स्तरों की तुलना की समस्या की दुरूहता, इस विषय में उपयोगितावादी चिन्तन और समाजवादी आग्रहों की विवेचना कर वह बताते हैं कि किस प्रकार प्रतिष्ठित क्षेम अर्थशास्त्र का क्षेम के योगफल के प्रति 'अनुराग' आय एवं क्षेम के आबंटन की समस्या के सटीक विवेचन में बाधक हो सकता है।

अध्याय-2 में प्रो. सेन ने विषमता के सांख्यिकीय मापकों की क्षेमशास्त्रीय व्याख्या पर बल दिया है। इसी संदर्भ में उन्होंने दिखाया है कि किस प्रकार ऊष्मागतिकी से उधार लिए गए विचार : उत्क्रम मापन (Entropy Measure) से विषमता के स्तर का मापन तो सम्भवतः हो जाएगा पर उस मापन में प्रयुक्त विचारों एवं तत्वों की व्यावहारिक व्याख्या का पाना सहज नहीं होगा।

इसी विश्लेषण क्रम को आगे बढ़ाते हुए अध्याय-3 में सेन साहब ने मापक के आधार पर विषमता स्तरों के क्रम निर्धारण का मुद्दा उठाया है। अन्ततः उनका निष्कर्ष यही रहा है कि किसी भी मापन विधि में क्रमिकता की सम्पूर्णता अर्थात् सभी वैयक्तिक अवस्थाओं को एक सुनिश्चित क्रम में निबद्ध कर पाने पर आग्रह के कारण ही अधिकतर समस्याएं पैदा होती हैं। सेन साहब का विचार है कि यदि अन्यान्य कसौटियों के आधार निर्धारित क्रमिकताओं के सांझे लक्षण-सूत्रों का सहारा लेकर एक समन्वित क्रम का निरूपण अधिक उपयोगी होगा। इस प्रकार अलग-अलग कसौटियों की सीमा-बाधाओं का पर्याप्त सम्मान भी हो जाएगा और हम सामाजिक विश्लेषण को और आगे बढ़ा पाने में सफल भी हो सकेंगे।

पुस्तक के अन्तिम अध्याय में प्रो. सेन ने व्यक्तियों के कार्य या सामाजिक उत्पादन प्रक्रिया के योगदान, उनकी आवश्यकताओं तथा समाज में व्याप्त विषमताओं

की व्याख्या करने का प्रयास किया है। यहाँ उनका विचार है कि आवश्यकताओं के कुछ लक्षणों को तो हम सहज भाव से पहचान सकते हैं, किन्तु इनमें अनेक ऐसी विशेषताएं भी होती हैं जिन्हें समझ पाना सम्भव नहीं होता। इसी कारण विभिन्न व्यक्तियों के बीच तुलना कर पाना अति कष्टसाध्य हो जाता है। फिर भी समतावाद के कई स्वरूप विकसित हो ही गए हैं, जैसे प्रायिकतावादी समतावाद, न्यूनतम के अधिकतमीकरण पर आश्रित समतावाद, आदि। फिर भी आय के वितरण में कार्य (योगदान) तथा 'आवश्यकता' किस का महत्व हो, यह प्रश्न अभी भी अनुत्तरित ही है। इस प्रश्न के समाधानस्वरूप एक ओर लांगे-लर्नर का विश्लेषण है कि अन्यान्य जानकारियों के अभाव में तुलनाएं कर पाना सम्भव ही नहीं है, अतः पूरी तरह से समतापूर्ण वितरण ही उपयुक्तम वितरण होगा। दूसरी ओर, कार्य या योगदान को ही वितरण का प्रारम्भिक आधार मानकर अनेक प्रकार की सामाजिक-आर्थिक नीतियों द्वारा उस वितरण की विपमताओं पर अंकुश रखने की बात भी उठती रही है। चाहे यह अंकुश आय कर, एकमुश्त कर आदि द्वारा लगाया जाए या फिर साथ-ही-साथ सबसिडी आदि द्वारा समाज के पिछड़े वर्गों के उपभोग स्तर में सुधार का प्रयास भी किया जाए।

इसी संदर्भ में समताकारी नीतियों के कार्य करने की अभिप्रेरणाओं पर विचार किया गया है। यहीं चीन की सांस्कृतिक क्रान्ति (1960 का दशक) के आर्थिक पहलुओं पर एक नयी दृष्टि से विचार हुआ है। व्यक्तियों की पात्रता एवं दक्षता या कार्यकुशलता का मुद्दा भी कम महत्त्वपूर्ण नहीं है तो पात्रता एवं 'आवश्यकता' का संबंध भी कुछ-न-कुछ स्पष्टीकरण अवश्य चाहता है। अन्त में सेन साहब यह स्पष्ट करते हैं कि उनका आग्रह तो समाज में व्याप्त विषमताओं का व्यक्तियों की आवश्यकताओं के परिप्रेक्ष्य में मूल्यांकन करने पर ही रहा है। विषमताओं की संकल्पना में अनेक वर्णनात्मक एवं आदर्शमूलक विचार निहित रहते हैं—यही नहीं, यह संकल्पना अपने-आप में 'अपूर्ण' अथवा किंचित अस्पष्ट ही बनी रहती है। इसी कारण सेन साहब का आग्रह है कि विषमता आकलन को अबाध्यकारी मूल्यांकन विवेचन के रूप में अर्द्ध-क्रमिकता का स्वरूप प्रदान करना ही उचित होगा !

—भवानी शंकर बागला

क्रम

1.

क्षेम अर्थशास्त्र, उपयोगितावाद एवं न्याय्यता

ज्यां जाकेस रूसो *(*Jean-Jacques Rousseau*)* ने अपनी विषमता-विषयक पुस्तक[1] के प्राक्कथन में लिखा है, "सभी मानवीय शास्त्रों में मुझे सबसे उपयोगी परन्तु सबसे अपूर्ण मानवशास्त्र ही लगता है। मैं यह भी कह सकता हूँ कि डेल्फी के मन्दिर पर अंकित एक उक्ति में, नैतिकताशास्त्रियों ने अब तक जितने मोटे-मोटे ग्रन्थ लिखे हैं, उनसे कहीं अधिक महत्त्वपूर्ण एवं दुःसाध्य उपदेश भरा है।" अफ़सोस कि यह निबंध दिजों (Dijon) अकादमी से पुरस्कार नहीं पा सका (उनकी एक कम विद्रोही रचना जो 'कला एवं विज्ञान' से सम्बद्ध थी, 1750 में यह सम्मान पा चुकी थी) किन्तु 1789 की फ्रेंच राज्य क्रान्ति में जो मुद्दे उठाए गए, उनके स्वरूप को स्पष्ट करने पर इस रचना का बहुत गहरा प्रभाव अवश्य रहा।

विषमता एवं विद्रोह में बहुत निकट सम्बन्ध है। यह सम्बन्ध दोतरफ़ा ही है। विषमता की अनुभूति तो किसी भी समाज में विद्रोह के स्वर मुखर कर सकती है—पर यह समझ लेना भी आवश्यक है कि विषमता की अनुभूति और उसके अस्पष्ट स्वरूप की संरचना भी मुख्यतः वास्तविक विद्रोह की सम्भावनाओं पर ही आधारित रहती है। एथेन्स के विद्वानों को समता के चिन्तन में दासों की अनदेखी करने में कोई मानसिक कठिनाई नहीं हुई। इसका एक कारण यह भी था कि वे ऐसा कर गुज़रने में समर्थ थे। इतिहास गवाह है कि समता एवं न्याय की अवधारणाओं में बहुत बदलाव आये हैं। जैसे-जैसे स्तर-अनुक्रमणन (Stratification) एवं भेदभाव (Differentiation) के प्रति असहिष्णुता में संवृद्धि हुई है, विषमता की संकल्पना में भी क्रांतिकारी

---

1. Jean-Jacques Rousseau : *A Dissertation on the Origin and Foundation of the Inequality of Mankind.*

—12 जून 1754 के दिन यह रचना जेनेवा गणराज्य को समर्पित की गई थी।

बदलाव आए हैं।

मैं इस व्याख्यानमाला में मुख्यतः आय के वितरण की विषमताओं की ही चर्चा कर रहा हूँ, फिर भी मेरा आग्रह है कि विषमताओं के आर्थिक विश्लेषण से पूर्व इस संकल्पना के ऐतिहासिक स्वरूप एवं परिप्रेक्ष्य को समझ लेना नितान्त आवश्यक है। अन्ततः हमारे विषमता विषयक विचारों को हमारी समकालीन आर्थिक एवं राजनैतिक वास्तविकताओं के साथ जुड़ सकने की योग्यता की कसौटी पर ही परखा जाएगा।

वस्तुपरक एवं आदर्शमूलक लक्षण

इन व्याख्यानों में मेरा ध्यान पूरी अर्थव्यवस्था के समग्र या समष्टिकारी स्तर पर आय के वितरण में विषमताओं के मापन से जुड़ी समस्याओं पर ही केन्द्रित रहेगा। साथ-ही-साथ, मैं, विशेषकर समाजवादी अर्थव्यवस्था के सन्दर्भ में, कुछ नीति निर्धारण से जुड़े मुद्दों की व्याख्या का प्रयास भी करूँगा। विषमता के मापन के प्रश्न का विवेचन हम विश्लेषण विधि से जुड़ी एक बात से कर सकते हैं। अर्थशास्त्र के विद्वानों की रचनाओं में विषमता के जो माप सुझाए गए हैं, उन्हें हम दो श्रेणियों में बाँट सकते हैं। पहले वर्ग में वे मापन विधियां हैं जिनसे किसी-न-किसी वस्तुपरक स्वरूप में विषमता का आकलन किया गया है। इनमें आय के सापेक्ष स्तर में परिवर्तनों को किसी सांख्यिकीय विधि द्वारा मापने का प्रयास होता है। दूसरी श्रेणी में हम उन विधियों को रखते हैं जिनमें सामाजिक कल्याण अथवा क्षेम (Social Welfare) की किसी आदर्शमूलक संकल्पना का प्रयोग होता है। यहाँ सामाजिक क्षेम के विचार का निरूपण कुछ इस प्रकार किया जाता है कि समाज की समग्र आय का स्तर पूर्ववत् रहते हुए भी यदि उसके बटवारे से विषमताओं में वृद्धि हो जाए तो सामाजिक क्षेम के स्तर में गिरावट आ जाएगी। यह कहा जा सकता है कि पहली विधि, अर्थात् वस्तुपरक मापन विधि का प्रयोग करने में कुछ विशेष लाभ रहते हैं, जैसे—(क) एक तो हम स्पष्टतः यह देख पाते हैं कि विषमता कम हुई है या ज्यादा; (ख) दूसरे, नीतिशास्त्रीय दृष्टि से इनका न्यून या अधिक मूल्यांकन हो पाता है। किन्तु आदर्शमूलक विधि में विषमताओं का वस्तुपरक आकलन कर पाना सहज नहीं होता, वस्तुतः विषमता की संकल्पना का अपना स्वरूप ही वस्तुपरक नहीं रह जाता। यही नहीं, इस विधि में तो मापन की समस्या नीतिशास्त्रीय मूल्यांकनों की समस्याओं के जाल में उलझ-सी जाती है।

यह विश्लेषण विधि का भेद हमारी विषमता-विषयक अवधारणा की प्रकृति के द्विविध स्वरूप की ही झलक है। इस अवधारणा में कुछ वस्तुपरकता तो सहज भाव से ही निहित रहती है; किसी केक का दो व्यक्तियों में बराबर-बराबर बंटवारा सहज ही उस विभाजन से श्रेष्ठ होगा जिसमें एक व्यक्ति के हाथ कुछ भी नहीं लगता

और सारा केक दूसरा व्यक्ति हड़प जाता हो। दूसरी ओर, जब अनेक व्यक्तियों के बीच आय के बंटवारे के वैकल्पिक स्वरूपों की तुलना की जटिल समस्याओं से वास्ता पड़ने पर विषमताओं के विशुद्ध वस्तुपरक स्वरूप की बात कर पाना भी बहुत कष्ट साध्य हो जाता है। यहाँ किसी नीतिशास्त्रिक संकल्पना का सहारा लिए बिना तो विषमता के स्तर का मापन कर पाना सम्भव ही नहीं रहता।

इन दोनों में से कौन-सी विधि का अनुसरण करना उचित होगा ? इस प्रश्न का सहज ही समाधान नहीं हो पाता। यही नहीं, जहाँ तक व्यावहारिक उपादेयता का प्रश्न है, ये दोनों विधियाँ समानप्राय ही सिद्ध होती हैं। यदि विषमता के वस्तु-परक संकल्पना स्वरूप पर ही आग्रह करें तो हमारा वह आग्रह भी विषमता के मापन के प्रति हमारी आदर्शमूलक धारणा अथवा चिन्ता पर ही आधारित होगा ! विषमता के विभिन्न वस्तुमूलक मापकों के सापेक्ष गुण-दोष विवेचन में तो आदर्शमूलक विचारों के समावेश की प्रासांगिकता और भी बढ़ जाती है। दूसरी ओर, यदि हम आय की विषमताओं का केवल आदर्शमूलक स्वरूप के अनुसार मापन करना चाहें तो भी यह आवश्यक नहीं होगा कि उस आकलन में समस्त नीतिशास्त्रिक मुद्दों की विवेचना भी हो जाए। सम्भवतः हमारा आकलन आदर्शमूलक तुलना के किसी एक पक्ष या आयाम पर केन्द्रित होगा—और उस आयाम का चयन विषमता की समस्या के किसी वस्तुपरक लक्षण के आधार पर ही होगा। अतः यद्यपि हम एक आदर्शमूलक वक्तव्य के रूप में कह सकते हैं कि विकल्प x में y की अपेक्षा कम विषमता परिलक्षित होती है, किन्तु इसका अभिप्रायः यह कदापि नहीं होगा कि हम y की अपेक्षा x के चयन का पूरी तरह आश्वस्त होकर सुझाव दे रहे हैं। इस प्रकार के निर्णय के लिए तो सकल आय तथा उससे जुड़े अनेक प्रकार के मुद्दों पर भी विचार करना होगा। अतः हम चाहे जिस स्वरूप में विषमता के मापन का प्रयास करें हमें अन्ततः तथ्यात्मक एवं आदर्शमूलक विचारों के बीच सामंजस्य स्थापित करना ही पड़ता है, (अर्थात् विषमता मापन के तथ्यों एवं आदर्शों का समन्वित चिन्तन ही हमें उचित मार्गदर्शन प्रदान कर सकता है)।

मापन के प्रकार

कार्यविधि से जुड़ा एक दूसरा मुद्दा है कि हम किस प्रकार के मापक की खोज कर रहे हैं ? मापन कार्य अनेक स्तरों पर हो सकता है। मापन की एक अशिथिल विधि तो अनुपातिक पैमाने की तरह भी हो सकती है, जैसे हम व्यक्तियों की लम्बाई और उनके वज़न के मापन में प्रयोग करते हैं। यह कहना कि एक व्यक्ति का भार दूसरे से दो गुना है, अपने-आप में पर्याप्त होता है, चाहे वह भार पौण्ड में मापा गया हो या किलोग्राम में। इसकी अपेक्षा कुछ लचीलापन लिए हुए मापन करने में हम एक अन्तराल-पैमाने (Interval Scale) का प्रयोग भी कर सकते हैं। इस पैमाने

में अनुपात का कोई अर्थ नहीं रहता किन्तु अन्तरों का अनुपात बहुत महत्त्वपूर्ण हो जाता है। उदाहरण के लिए, 90^0 सेल्सियस तथा 100^0 सेल्सियस के बीच का अन्तर 85^0 से. तथा 90^0 से. के अन्तर से दुगुना ही है। यदि हम फारेनहाइट पैमाना प्रयोग करें तो भी ये तापमान $212^0\ F$, $194^0\ F$ तथा $185^0\ F$ होंगे–अर्थात् इनके अन्तरों में दो का अनुपात ही रहेगा। हाँ, यहाँ अगर इन तापमानों का अनुपात लिया जाए तो वह समान नहीं होगा–$90^0C/100^0C \neq 194^0F/212^0F$।

उपयोगिता विश्लेषण में यह अन्तराल पैमाना ही गणनावाची (Cardinal) पैमाना कहा जाता है। यदि किसी वस्तु की उपयोगिता की अभिव्यक्ति x अंकों द्वारा सम्भव हो तो फिर इनके धनात्मक रेखीय प्रत्यावर्तन (Positive Linear Transformation) $y = a + bx$, जहाँ $b > 0$ का भी x के स्थान पर प्रयोग किया जा सकता है। उपयोगिता विश्लेषण में इससे भी अधिक लचीले पैमाने को क्रमिकतावाची (Ordinal) पैमाने का नाम देते हैं। इस पैमाने के अनुसार तो कोई भी धनात्मक एकदिश प्रत्यावर्तन पर्याप्त रहता है, अर्थात्, हम 1, 2, 3, 4 आदि अंकों के स्थान पर यदि 100, 101, 179, 999 का प्रयोग कर लें तो भी काम चल जाता है। यहाँ तो बस अंकों का क्रम ही महत्त्वपूर्ण होता है।

इसी क्रमिकतावाची पैमाने के बहुत ही निकट एक अन्य मापन विधि में तो अंकों का प्रयोग भी नहीं होता। यहाँ तो केवल उपलब्ध विकल्पों की क्रमिकता का निर्धारण पर्याप्त मान लिया जाता है। उदाहरण के लिए, यदि चार विकल्प $x_1, x_2,$ x_3 और x_4 हों तो इनका क्रम कुछ इस प्रकार भी हो सकता है : x_3–सबसे उच्च, x_1 तथा x_2 उसके नीचे, एक ही स्तर पर तथा x_4 सबसे नीचा। इस प्रकार की क्रमिकता दो विशेषताओं के आधार पर क्रम निर्धारण कहलाती है। ये विशेषताएँ हैं सम्पूर्णता (Completeness) तथा उत्तरोत्तरता (Transitivity)। यहाँ सम्पूर्णता का अर्थ है कि यदि R द्वारा क्रमिकता सम्बन्ध का निरूपण हो तो उपलब्ध विकल्पों के प्रत्येक युग्म x, y के बीच R के माध्यम से क्रम निर्धारण सम्भव होना चाहिए। दूसरे शब्दों में, x, y के बीच के सम्बन्ध या तो xRy अथवा yRx (या फिर दोनों ही) द्वारा दिखा पाना सम्भव होना चाहिए। यदि R की व्याख्या हम 'कम-से-कम इतना अच्छा' (At least as good as) के रूप में करें तो xRy का अर्थ होगा कि x कम-से-कम y जितना अच्छा तो अवश्य है! अतः xRy के सत्य एवं yRx के असत्य होने का अर्थ होगा कि x निश्चित रूप से y से श्रेष्ठ है। इस श्रेष्ठता को हम xPy द्वारा निर्दिष्ट कर सकते हैं। अतः yPx का अर्थ इसके एकदम विपरीत होगा (अर्थात् x की अपेक्षा y श्रेष्ठ है)। यदि किसी दशा में xRy तथा yRx दोनों ही मान्य हों तो हम कह सकते हैं कि हम x तथा y के बीच समानभाव (समभाव) रखते हैं–दोनों को ही एक जैसा मानते हैं। इस समभाव (Indifference) सम्बन्ध की अभिव्यक्ति xIy द्वारा की जाती है। उत्तरोत्तरता की विशेषता का अर्थ है कि

यदि तीन उपलब्ध विकल्प *x, y* और *z* हों तथा *xRy* एवं *yRz* दोनों मान्य हों तो फिर इसका अर्थ होगा कि *xRz*। इस प्रकार की क्रमिकता को हम सहज भाव से क्रमिकता अंकों का स्वरूप भी दे सकते हैं–किन्तु यह कार्य केवल उसी दशा में हो सकता है जबकि विकल्पों का समुच्चय सीमित हो (Set of alternatives is finite)। किसी अपरिमित विकल्प समुच्चय (Infinite set of alternatives) के लिए इस प्रकार के क्रमिकता अंकों का निर्धारण सदैव सम्भव नहीं हो पाता। इसमें समस्या का कारण यह नहीं मानना चाहिए कि हमारे पास संख्याओं की कमी पड़ जाती है। वस्तुतः बहुआयामी वास्तविक वितान (Multi-dimensional Real Space) में वर्णानुसार क्रमिकता के निर्धारण जैसी विशेष अवस्थाओं में और भी अनेक जटिलताएँ सन्निहित रहती हैं। वस्तुतः एक संख्या-अनुक्रम की विद्यमानता की तुलना में सामान्य क्रमिकता की सम्भावना की मान्यता या अनिवार्यता बहुत लचीली मानी जाती है।

अर्द्धक्रमिकता एवं विषमता-विषयक निर्णय

उपर्युक्त क्रमिकता से भी अधिक लचीला मापक हम उस क्रमिकता सम्बन्ध *R* द्वारा निरूपित कर सकते हैं जिसमें सम्पूर्णता की विशेषता पर आग्रह नहीं होता। अर्थात् हम यह मानते हैं कि *R* द्वारा प्रत्येक युग्म के घटकों में से श्रेष्ठ एवं हीन का विवेक कर पाना आवश्यक नहीं होता। किन्तु उत्तरोत्तरता की विशेषता का यह क्रमिकता भी अनुपालन करती है। अतः ऐसी क्रमिकता जिसमें सम्पूर्णता भले ही नहीं हो पर केवल उत्तरोत्तरता का गुण अवश्य विद्यमान हो, उसे हम अर्द्ध-क्रमिकता (Quasi-ordering) का नाम देते हैं। हम एक ऐसी अर्द्धक्रमिकता का निरूपण भी कर सकते हैं जिसमें सम्पूर्णता तो होती है पर उत्तरोत्तरता सदैव नहीं होती। इसका उदाहरण होगा जहाँ अशिथिल वरीयताएं तो उत्तरोत्तरता की शर्त को पूरा करती हों पर समभाव पर यह शर्त लागू न होती ड़ो।

विषमता के अधिकांश सांख्यिकीय माप उच्च स्तर की मापनशीलता की मान्यता पर आधारित होते हैं। इनमें सामान्यतः अनुपातिक पैमाने, या फिर कम-से-कम अन्तराल पैमाने का प्रयोग अवश्य होता है। यह बात केवल वस्तुपरक मापन पर ही लागू नहीं होती, बल्कि आदर्शमूलक मूल्यांकन में भी यही प्रयास होता है (देखें अध्याय-2)। किन्तु इस बात की सम्भावना बहुत प्रबल होती है कि हमारे मन में निहित विषमता की संकल्पना का स्वरूप इतना सुस्पष्ट नहीं हो। वह स्वरूप किसी हद तक अर्द्ध-क्रमिकता के विचार के निकट हो सकता है। वस्तुतः हम यह तो तय नहीं कर पाते कि *x* द्वारा निर्दिष्ट आबंटन किसी अन्य वितरण की तुलना में अधिक विषमतापूर्ण है या नहीं (अथवा कम है) किन्तु फिर भी संयोजनों से तो स्पष्ट तुलना सम्भव हो ही सकती है। विषमता की संकल्पना के कई आयाम हो सकते हैं। जहाँ इन आयामों में परस्पर सहमति हो, वहाँ तो सुस्पष्ट क्रमिकता का निर्धारण हो जाएगा–

पर जहाँ आयामों में टकराव हो अथवा मतैक्य न हो, वहाँ क्रमिकता अपूर्ण रह जाएगी। वस्तुतः अनेक कारणों से विषमता के क्रमिकतापूर्ण स्वरूप से सम्बद्ध हमारे विचारों में ही अंतर्भूत अस्पष्टता रहती है। ऐसी दशा में विषमता का सम्पूर्ण क्रमिकता निर्धारित करने वाला मापक तो अनेक कृत्रिमतापूर्ण समस्याओं को जन्म दे सकता है, क्योंकि कोई भी मापक उस विचार या अवधारणा से अधिक स्पष्ट नहीं हो पाता जिसे वह (मापक) अभिव्यक्त करता है। अध्याय-3 में हम यही आग्रह करेंगे कि विषमता के अनेक मानक मापकों की कई कठिनाइयों का आधार इसी तर्क में निहित रहता है।

इस सन्दर्भ में जब हम विषमता एवं असन्तोष—यहाँ तक कि विद्रोह भी—के बीच ऐतिहासिक रिश्तों पर विचार करते हैं तो ऐसे मापक की आवश्यकता प्रतीत होती है जो अपने-आप में बहुत स्पष्ट अवश्य होना चाहिए, चाहे उसके द्वारा निर्धारित पैमाने के आधार पर विभिन्न आबंटनों के बीच सूक्ष्म दृष्टि से विभेद कर पाना सहज नहीं भी हो। दुर्भाग्यवश जब कोई अर्थशास्त्री या सांख्यिकिविद् मापन या क्रमनिर्धारण के पैमाने की रचना में जुटता है तो वह सर्वांगसम्पूर्ण क्रमिक निर्धारण में उलझ जाता है। इसका परिणाम यह होता है कि विषमता की संकल्पना, जिसका आधारभूत महत्त्व ही राजनैतिक चिन्तन के कारण होता है, सुस्पष्ट आर्थिक स्वरूप धारण करते-करते अन्तनिर्हित गणितीय लक्षणों के जाल में उलझ कर रह जाता है। वस्तुतः विषमता के मापन ही नहीं बल्कि आर्थिक विश्लेषण में तो अनेक बार हम सर्वांगसम्पूर्ण क्रमिकता पर आग्रह के कारण उलझन में पड़ जाते हैं।

टकरावविहीन अर्थशास्त्र एवं पैरेटो-कुशलता[1]

यह प्रश्न भी स्वाभाविक ही होगा : हमें विषमता की समस्याओं के आकलन में आधुनिक क्षेम अर्थशास्त्र से क्या सहायता मिल सकती है ? उत्तर है, बहुत कुछ नहीं। आधुनिक क्षेम अर्थशास्त्र वस्तुतः उन्हीं प्रश्नों के निदान-निपटान में लगा रहता है ज़िनमें आय के बंटवारे को लेकर किसी भी प्रकार के निर्णयों से कतराने का प्रयास निहित होता है अर्थात् आधुनिक क्षेम अर्थशास्त्र के अध्येता अपने-आपको आय के वितरण से जुड़े मुद्दों पर चर्चा से दूर रखने का ही प्रयास करते दिखाई पड़ते हैं। उनका सारा ध्यान उन्हीं बातों पर केन्द्रित रहता है जिनको लेकर विभिन्न व्यक्तियों (या फिर वर्गों अथवा समूहों) के बीच किसी प्रकार का टकराव नहीं हो। ऐसी दशा में जब कोई व्यक्ति विषमता की बात उठाता है तो क्षेम-अर्थशास्त्रियों के समूह में किसी प्रकार के उत्साह या आशा का संचार नहीं हो पाता।

---

1. किसी अन्य व्यक्ति को हानि पहुँचाए बिना किसी को लाभ पहुँचाना सम्भव न हो तो यह पैरेटो-कुशलता (Pareto optimality) होगी।

क्षेम अर्थशास्त्र की मूल प्रमेय का सम्बन्ध स्पर्धापूर्ण साम्यों एवं पैरेटो कुशलता से ही है। पैरेटो कुशलता के विचार की रचना ही वितरण की विषमताओं से ध्यान हटाने के लिए की गई थी। यदि किसी को हानि पहुँचाए बिना बदलाव के कारण किसी अन्य को लाभ हो सके तो यह परिवर्तन पैरेटो की दृष्टि से सुधार ही माना जाएगा। यदि वर्तमान दशा में पैरेटोवादी सुधार सम्भव न हो तो वर्तमान को ही पैरेटो कुशल मान लिया जाता है। दूसरे शब्दों में, पैरेटो कुशलता हमें यही बताती है कि किसी अन्य को हानि पहुँचाए बिना किसी की दशा में सुधार सम्भव नहीं है। अतः यदि गरीबों की दशा को सुधारने के लिए अमीरों की सम्पन्नता पर आघात आवश्यक हो तो पैरेटो के विचार के अनुसार तो वर्तमान अवस्था कुशलतापूर्ण है, इसमें चाहे कितनी भी विषमता क्यों न भरी हो।

अगर हम एक केक के ही वितरण की बात करें और मान लें कि प्रत्येक व्यक्ति को कम की बजाय अधिक बड़ा टुकड़ा ही अभीष्ट है तो केक का वितरण पैरेटो कुशलता की कसौटी पर खरा उतरेगा। इसका कारण यही है कि केक का आकार तो सीमित है अतः किसी एक व्यक्ति के टुकड़े को बड़ा करने के लिए किन्हीं (या किसी) के हिस्से में कमी करना आवश्यक हो जाएगा। इस समस्या में तो एकमात्र मुद्दा वितरण या आबंटन का है और पैरेटो दक्षता या कुशलता इस दिशा में हमारी कोई भी सहायता कर पाने में पूरी तरह अक्षम रहती है। यद्यपि कल्याणकारी अथवा क्षेम अर्थशास्त्र (Welfare Economics) अपने-आप में बहुत ही रुचिकर विषय है, पर आधुनिक काल में उसने अपने-आपको पैरेटो दक्षता के साथ कुछ इस प्रकार बाँध लिया है कि वह विषय अब विषमता की समस्या का अध्ययन कर पाने में नितान्त अनुपयोगी होकर रह गया है।

सामाजिक क्षेमफलन

वैसे एक सामान्य स्तर पर पैरेटो दक्षता से कहीं आगे बढ़कर वितरण आबंटन से जुड़े निर्णयों की आवश्यकता पर पिछले कुछ समय से चिन्तन-मनन चल रहा है। बहुचर्चित बर्गसां-सैम्युलसन (Bergson-Samuelson) सामाजिकक्षेमफलन की संकल्पना काफी हद तक इस तथ्य की स्वीकारोक्ति से प्रेरित रही है कि अर्थशास्त्र में नीतिगत निर्णयों की समीक्षा के लिए तो पैरेटो दक्षता की परिधि से बाहर निकलना अनिवार्य हो चला है। सामान्य स्वरूप में बर्गसां-सैम्युलसन सामाजिक क्षेमफलन वैकल्पिक सामाजिक अवस्थाओं (Alternative Social States) का क्रमबद्धीकरण ही है। यदि सभी सामाजिक दशाओं का समुच्चय X द्वारा दर्शाया जाए तो यह सामाजिक क्षेम-फलन इस समूचे समुच्चय पर मान्य फलन R होगा। पारिमाणिक स्वरूप में इसे एक फलनात्मक सम्बन्ध W द्वारा निरूपित किया गया है। यह फलनात्मक सम्बन्ध समुच्चय X में सम्मिलित प्रत्येक सामाजिक दशा x के लिए एक क्षेम मान (Welfare Value)

$W(x)$ का निर्धारण करता है। फलन W का मापन सामान्यतः क्रमवाची ही माना जाता है।

सामाजिक क्षेमफलन की सामान्य संकल्पना का निरूपण तो उपयुक्त विवरण से हो जाता है, पर इस विचार से कुछ व्यावहारिक महत्त्व के परिणाम प्राप्त करने के लिए हमें फलन $W(x)$ की प्रकृति को और अधिक स्पष्ट या स्थूल रूप देना होगा। इस दृष्टि से विश्लेषक बहुधा इस सामाजिक क्षेमफलन को व्यक्तिनिष्ठता (Individualistic) की मान्यता से बाँधने का प्रयास करते रहे हैं। दूसरे शब्दों में, यह मान लिया जाता है कि सामाजिकक्षेमफलन W व्यक्तियों की उपयोगिताओं का एक फलन है, यानी $W(x) = F(U_1(x), \ldots, U_n(x))$। यहाँ U_i को हम i वें व्यक्ति की उपयोगिता फलन मानते हैं और $i = 1, \ldots, n.$ । इससे आगे यह भी माना जाता है कि अन्य सभी व्यक्तियों की उपयोगिता स्थिर रहने पर किसी भी Ui में वृद्धि से W में भी वृद्धि होती है। इस प्रकार पैरेटो कुशलता के विचार को W को अधिकतम करने की विधि में ही स्थान मिल जाता है। किन्तु सामाजिकक्षेमफलन का मुख्य ध्येय तो सभी पैरेटो दक्ष अवस्थाओं का क्रम निर्धारण कर हमें उस विचार (पैरेटो दक्षता) द्वारा बनाई गई सीमाओं से आगे ले जाना ही है। इस प्रकार आबंटन सम्बन्धी निर्णय सामाजिक क्षेमफलन के स्वरूप विशेष के चयन पर निर्भर हो जाते हैं।

यद्यपि हमारे उपर्युक्त फलन F में व्यक्तियों की उपयोगिता संख्यावाची हो सकती है और वैयक्तिक तुलनाएँ भी स्वीकार्य रहती हैं, किन्तु परम्परागत क्षेम अर्थशास्त्र (Welfare Economics) इन दोनों ही बातों से दूर भागने का प्रयास करता रहा है। अतः उसका सारा ध्यान केवल x के सदस्यों के बीच वैयक्तिक क्रमिकता के आधार पर सभी सामाजिक अवस्थाओं की समाजव्यापी या सामूहिक क्रमिकता R का निर्धारण करने पर ही केन्द्रित रहा है। अतः इस मत के अनुसार यदि iवें व्यक्ति की क्रमिकता R_i हो तो सारा विश्लेषण सामाजिक क्रमिकता $R = f(R, \ldots, R_n)$ की खोज पर केन्द्रित हो जाता है।

इस संदर्भ में एक प्रश्न का उठना स्वाभाविक ही है–क्या वैयक्तिक वरीयताओं तथा सामाजिक क्रमिकता के बीच के सम्बन्ध पर कुछ सामान्य शर्तें लागू की जा सकती हैं ? के. जे. ऍरो (K.J. Arrow) ने अपने प्रख्यात प्रमेय में यह सिद्ध किया है कि यदि हम बहुत ही हल्की-फुल्की शर्तों के बन्धन में इस फलन को बाँधने का प्रयास करते हैं तो इस प्रकार के फलनात्मक सम्बन्ध की सम्भावनाएँ ही समाप्त हो जाती हैं। मेरा इरादा ऍरो की इस 'असंभवता प्रमेय' (Impossibility Theorem) की व्याख्या करने का नहीं है। इस प्रमेय ने विश्लेषकों को बहुत अभिभूत किया है, इसके कारण अनेक तेवर तीखे हुए हैं और इसके कारण पैदा हुई दुविधा से बच निकलने का मार्ग खोजने पर अनेक विशेषज्ञों ने बहुत ही अधिक बौद्धिक श्रम एवं ऊर्जा का व्यय किया है। यहाँ मेरा इरादा एक ऐसे प्रमेय की रचना करना है जो

सभी फलनात्मक सम्बन्धों f को नहीं नकारती—बस केवल उन्हीं सम्बन्धों को नकारती है जिनमें वितरण से जुड़े निर्णय निहित होते हैं। इस प्रकार स्पष्ट हो जाता है कि यह सामाजिक क्षेमफलन का प्रतिमान भी अपने वैचारिक तन्त्र में विषमताओं की समस्या पर अर्थपूर्ण चिन्तन-मनन को समाहित कर पाने में समर्थ नहीं है। इस निष्कर्ष की विवेचना का यही उद्देश्य है कि वितरण एवं विषमता की समस्याओं के निदान में इस विश्लेषण विधि की एक आधारभूत त्रुटि को उजागर किया जा सके।

वितरण सम्बन्धी विवेचन : एक निष्कर्ष

ऍरो के 'असंभवता प्रमेय' से यह तो स्पष्ट ही है कि सामाजिक क्षेमफलन की व्यवस्था अपर्याप्त है, इसमें कुछ और परिमार्जन की आवश्यकता है। हम इसे कुछ और व्यापक बनाने के उद्देश्य से एक शर्त में कुछ ढील दे रहे हैं। हम यह मान लेते हैं कि सामाजिक वरीयता सम्बन्ध R का क्रमिकता का स्वरूप इतना स्पष्ट होना अनिवार्य नहीं है (विशेषकर इस सम्बन्ध में उत्तरोत्तरता, अर्थात् यदि xRy तथा yRz तो xRz, का गुण होना बिल्कुल भी अनिवार्य नहीं होगा।) हम केवल यह मानते हैं कि अशिथिल वरीयता P में ही उत्तरोत्तरता की प्रवृत्ति विद्यमान रहे, (अर्थात् समभाव की उत्तरोत्तरता आवश्यक नहीं होगी)। हम अभी भी इस सम्बन्ध में पूर्णता पर अवश्य आग्रह कर रहे हैं, अर्थात् यदि किसी युग्म (x, y) के बारे में बात हो रही हो तो फिर या तो x कम-से-कम y जितना ही अच्छा हो अथवा y कम-से-कम x जितना अच्छा हो (समभाव की दशा में ये दोनों कथन भी ठीक हो सकते हैं)। हम R को स्वःसमता (Reflexivity) के गुण से सम्पन्न तो मानते ही हैं। दूसरे शब्दों में, यह कहना कि x न्यूनतम दशा में अपने-आप (x) के समान तो होगा ही। यह मान्यता किसी भी दृष्टि से अनुचित नहीं ठहरायी जा सकती। कुल मिलाकर हम वैयक्तिक क्रमिकताओं और सामाजिक वरीयता सम्बन्ध R के बीच के सम्बन्ध f (के स्वरूप) पर पाँच शर्तें लगा रहे हैं :

शर्त Q–अर्द्ध-उत्तरोत्तरतापूर्ण सामाजिक वरीयता की शर्त (The Condition of Quasi-transitive Social Preference)

सामाजिक वरीयता R स्वःसम, सम्पूर्ण तथा अर्द्ध-उत्तरोत्तरता के गुणों से पूर्ण है। अर्थात् सम्बन्ध f उन्हीं वरीयता सम्बन्धों R पर लागू होगा जो स्वःसम एवं सम्पूर्ण हैं तथा जिनमें केवल अशिथिल वरीयता P में ही उत्तरोत्तरता की प्रवृत्ति पायी जाती है।

शर्त U–अनिर्बन्ध विचार-क्षेत्र की शर्त (The Condition of Unrestricted Domain)

इस शर्त का अर्थ है कि वैयक्तिक वरीयताओं के किसी भी तर्कशील संयोजन

का प्रयोग सम्भव रहता है।

शर्त I–असम्बद्ध विकल्पों से मुक्ति की शर्त (The Condition of Independence of Irrelevant Alternatives)

इसका अभिप्राय है कि x तथा y के बीच सामाजिक वरीयता R व्यक्तियों की केवल x तथा y के बीच की वरीयताओं पर ही आश्रित रहती है।

शर्त P–पैरेटो का नियम (Pareto Rule)

अर्थात् यदि किसी युग्म x, y में से सभी व्यक्ति x को कम-से-कम y जितना अच्छा मानते हों और कोई एक व्यक्ति x को y से निश्चित रूप से अच्छा मानता हो तो समाज भी x को y से बेहतर ही मानेगा। दूसरी ओर, यदि समाज के सभी सदस्यों में x तथा y के बीच समभाव पाया जाता हो तो फिर समाज भी इनके बीच समान भाव पूर्ण ही व्यवहार करेगा।

शर्त A–अनामिकता की शर्त (Condition of Anonymity)

सामाजिक वरीयताएँ इस बात पर निर्भर नहीं करती कि किस या किन व्यक्तियों की वरीयताओं के संयोजन पर विचार हो रहा है।

पहली शर्त से व्यवस्थित रूप से सामाजिक चयन सहज हो पाता है। दूसरी शर्त व्यक्तियों को अपनी वरीयताओं का इच्छित स्वरूप निर्धारित करने देती है। तीसरी शर्त के आधार पर वैयक्तिक एवं सामाजिक वरीयताओं के बीच युग्म-प्रति-युग्म पर आधारित सम्बन्ध की रचना होती है। चौथी शर्त तो हमारा चिर-परिचित पैरेटो नियम ही है। अन्तिम शर्त मौलिक रूप से तो मे (May) ने साधारण बहुमत (Simple Majority Rule) नियम के सन्दर्भ में ही प्रतिपादित की थी। इसका अर्थ यही है कि सामाजिक दृष्टि से वरीयता संयोजन ही महत्त्वपूर्ण है। इस बात का कोई महत्त्व नहीं होता कि कौन व्यक्ति किस विकल्प को अच्छा या बुरा मानता है। ये शर्तें अपने-आप में बहुत मासूम प्रतीत होती हैं, उचित एवं सहज स्वीकार्य भी लगती हैं, किन्तु इनका सम्मिलित प्रभाव इतना सशक्त रहता है कि वितरण या आबंटनात्मक विवेचन की सम्भावना ही समाप्त हो जाती है।

प्रमेय 1.1 (Theorem 1.1)

शर्तों Q, U, I, P एवं A की पूर्ति करने वाला फलनात्मक सम्बन्ध f सभी पैरेटो नियम के अनुसार अतुलनीय सामाजिक अवस्थाओं को महत्त्वहीन बना देता है।

इस प्रमेय को कई विधियों में सिद्ध किया जा सकता है। यहाँ मैं केवल एक

प्रमाण या सिद्धि की रूप-रेखा प्रस्तुत कर रहा हूँ। व्यक्ति k को हम अर्द्धनिर्णायक (Semidecisive) मानेंगे यदि उसके x को y से बेहतर मानने पर सामाजिक दृष्टि से x कम-से-कम y जितना श्रेष्ठ माना जाता है। यदि उस व्यक्ति के xPy होने पर सामाजिक दृष्टि से xRy का मान होता हो (जबकि समाज के शेष सदस्य y को x से बेहतर मानते हों) तो फिर उस व्यक्ति k को हम अर्द्ध-निर्णायकप्राय की संज्ञा देंगे। शर्तों Q, Y, P तथा I के आधार पर यह सिद्ध हो सकता हैं कि यदि कोई व्यक्ति एक क्रमित युग्म (x,y) के सम्बन्ध में 'अर्द्धनिर्णायक प्रायः' हो तो वह किसी भी क्रमित युग्म के विषय में अर्द्धनिर्णायक बन सकता है। यहाँ मैं इस तर्क की सम्पूर्ण व्याख्या तो नहीं करूँगा पर यह अवश्य बताऊँगा कि यह तर्क किस प्रकार कार्य करता है। मान लो कि k के अलावा सभी व्यक्ति y को x से तथा y को z से बेहतर मानते हैं पर वह व्यक्ति k x को y से और y को z से बेहतर मानता है। अतः पैरेटो के नियम के अनुसार सारा समाज y को z से बेहतर मानेगा (yPz)। यदि हम यह भी मान लें कि zPx तो फिर अर्द्ध-उत्तरोत्तरता की शर्त Q का अर्थ होगा $y\,Px$। किन्तु हम x को (x,y) युग्म के सम्बन्ध में अर्द्धनिर्णायक प्रायः मानते हैं, अतः xRy ही होना चाहिए। अतः zpx सत्य नहीं हो सकता। हम सम्बन्ध R को सम्पूर्ण भी मानते हैं। इसलिए xRz ही सत्य होना चाहिए। यह सत्यता हमारी शर्त I के अनुसार व्यक्तियों की x एवं z के बीच की वरीयताओं पर ही आश्रित रहनी चाहिए। किन्तु यहाँ तो केवल k द्वारा x को z से बेहतर मानना ही बताया गया है। अतः k युग्म (x, z) के बीच अर्द्धनिर्णायकप्राय होगा। इसी प्रकार के तर्क द्वारा यह दर्शाया जा सकता है कि k सामाजिक विकल्पों के प्रत्येक क्रमित युग्म के सम्बन्ध में अर्द्धनिर्णायक होगा।[1]

यदि व्यक्तियों के किसी समूह V के सदस्य किसी युग्म (x, y) में से x को y से बेहतर मानते हों और समाज के शेष सदस्य y को x से बेहतर मानते हों, फिर भी समाज x को y से बेहतर माने (xPy) तो यह समूह V निर्णायकप्राय (*Almost decisive*) होगा। वैसे यदि सभी व्यक्तियों के समूह की बात करें तो वह पैरेटो के नियम के अनुसार सदैव निर्णायकप्राय ही होता है। आइए, हम यह मान लें कि S के किसी उमी युग्म के लिए सबसे छोटा 'निर्णायकप्राय' समूह V^* है तथा V^* (x, y) के बीच निर्णायकप्राय है। अब V^* का दो भागों में विभाजन कर लेते हैं, V_1^* जिसमें केवल एक व्यक्ति है, शेष सभी को V_2^* में रखा गया है। समाज के वे सदस्य जो V^* में सम्मिलित नहीं हैं, उन्हें समुच्चय N द्वारा दिखाया गया है। अब मान लेते हैं कि V_1^{*1} के सदस्यों x को y से तथा y को z से बेहतर मानते हैं जबकि V_2^* के सभी सदस्य z को x से एवं x को y से बेहतर मानते हैं।

---

*1 सामाजिक विकल्पों के समुच्चय को S द्वारा निर्दिष्ट किया जाता है।

यही नहीं N के सभी सदस्य y को z से एवं z को x से बेहतर मानते हैं। पर V^* निर्णायकप्राय समुच्चय है अतः xPy। यदि हम zPy को भी स्वीकार कर लें तो इसका अर्थ होगा कि V_2^* भी एक निर्णायकप्राय समुच्चय बन जाता है। किन्तु यह असम्भव होगा–क्योंकि हमारी मान्यता के अनुसार सबसे छोटा निर्णायकप्राय समुच्चय तो V^* है। अतः yRz ही सत्य होगा। किन्तु यदि अब हम zPx पर ग़ौर करें तो अर्द्ध-उत्तरोत्तरता का आग्रह होगा कि zPy— यह भी yRz से 'टकराव' का परिचायक है। अतः xRz ही सत्य होगा। किन्तु इसका अर्थ होगा कि V_1^* का इकलौता सदस्य ही (x, z) युग्म में निर्णायकप्राय बन जाता है। इसलिए वह विकल्पों के सभी युग्मों के बीच अर्द्धनिर्णायक बन सकता है।

अभी तक हमने अनामिकता की शर्त A का बिल्कुल भी प्रयोग नहीं किया है। यदि अब उस शर्त का सहारा लें तो लगेगा कि प्रत्येक व्यक्ति प्रत्येक क्रमित युग्म के बीच अर्द्धनिर्णायक हो सकता है। किन्तु x को सामाजिक दृष्टि से y से बेहतर तभी माना जा सकता है जबकि समाज का कोई भी सदस्य y को x से बेहतर नहीं मानता हो। इसका अर्थ होगा कि हम यह मान लें कि सभी व्यक्ति y को कम-से-कम x जितना ही श्रेष्ठ मानते हैं। अर्थात् या तो (*i*) सभी व्यक्ति x तथा y के बीच समभाव रखते हैं या फिर (*ii*) किसी के लिए तो y से x ही बेहतर है जबकि शेष सभी x को कम-से-कम y जितना ही श्रेष्ठ अवश्य मानते हैं। अब पैरेटो नियम P का प्रयोग कर (*i*) का अर्थ होगा कि समाज x तथा y के बीच समभाव रखेगा; तथा (*ii*) का अभिप्राय होगा कि x सामाजिक दृष्टि से y से बेहतर होगा। अतः x तभी y से बेहतर होता है जबकि x पैरेटो अनुसार y से बेहतर हो। इसका अर्थ होगा कि यदि x पैरेटो अनुसार y से बेहतर नहीं है तो सामाजिक दृष्टि से y से कम-से-कम x जितना श्रेष्ठ अवश्य होगा। और अगर x तथा y के बीच पैरेटो विधि से तुलना नहीं हो सकती तो फिर प्रत्येक (x एवं y) एक-दूसरे के समान ही (सामाजिक दृष्टि से) अच्छा माना जाएगा, अर्थात् समाज का x तथा y के बीच समभाव होगा।

प्रमेय 1.1 का अर्थ

इस प्रमेय के अनुसार सामाजिक चयन का एकमात्र आधार पैरेटो तुलना ही रह जाता है पैरेटो दक्ष बिन्दुओं की परिभाषा ही इस प्रकार की जाती है कि या तो उनमें पैरेटो समभाव रहता है अथवा वे पैरेटो अतुलनीय रहते हैं। दोनों दशाओं में वे बिन्दु समाज की निर्णय प्रक्रिया के लिए महत्त्वहीन अथवा असम्बद्ध (Unconcerned and therefore, indifferent) बन जाते हैं। यहाँ तक कि यदि दो सामाजिक अवस्थाओं में से एक को मात्र एक व्यक्ति थोड़ा-सा पसन्द करता हो और शेष सारा समाज दूसरी को बेहतर मानता हो तो भी प्रमेय 1.1 की मान्यताओं का आग्रह होगा कि सामाजिक दृष्टि से उन दोनों अवस्थाओं को एक समान ही

माना जाए। हम पुनः उसी दशा में पहुँच जाते हैं जहाँ विषमता को लेकर कोई विवेचन सम्भव नहीं होता और केवल पैरेटो कुशलता ही समाजव्यापी कुशलता की आवश्यक एवं पर्याप्त शर्त बन जाती है। अतः अगर किसी को वितरण-आबंटन विवेचन करना है तो उसे इस प्रमेय 1.1 की संरचना में से कुछ-न-कुछ अवश्य नकारना होगा।

इस विद्रूपता के लिए उपर्युक्त पाँच शर्तों में से किसे दोषी ठहराया जा सकता है ? मेरा तो विचार है कि सामाजिक क्षेमफलन का वह संरचना, जो इसे केवल व्यक्तियों की क्रमिकताओं पर निर्भर कर देती है, ही इस समस्या के लिए उत्तरदायी है। इस प्रकार यह फलन न तो व्यक्तियों की वरीयताओं की गहनता (Intensity) पर कोई ध्यान दे पाती है और न ही क्षेम की वैयक्तिक तुलनाएँ कर पाती है। 1930 के दशक की व्यापक मन्दी के समय से ही अर्थशास्त्री वैयक्तिक तुलनाओं से मुँह चुराते रहे हैं। इस पलायनवादी मानसिकता का मन्दी से कोई नाता नहीं रहा। मुझे तो लगता है कि रोबिन्स (Robins) आदि ने वैयक्तिक तुलनाओं की जो जमकर छीछालेदार की है, (और जिसके कारण यह मुँह चुराने की परम्परा बन गई है) उसकी उत्प्रेरणा मन्दी के कारण मानवीय दुर्दशा तो बिल्कुल ही नहीं थी। चाहे जो कुछ भी मन्तव्य रहा हो, पर वैयक्तिक तुलनाओं और गणनात्मकता से मुँह चुरा कर सामाजिक क्षेम-फलन गढ़ने के प्रयास में उसे व्यक्तियों की क्रमिकताओं पर आश्रित बनाने के अतिरिक्त और कोई चारा ही नहीं था। इसी कारण से यह संरचना वितरण के विवेचन के लिए नितान्त अपर्याप्त रहती है। प्रमेय 1.1 में प्रयुक्त शर्तें इसी आधारभूत त्रुटि को उजागर करती हैं।

आइए, अब एक उदाहरण द्वारा इसी विचार की और पुष्टि करें। मान लीजिए कि एक केक, जिसका आकार 100 इकाई है, दो व्यक्तियों 1 तथा 2 के बीच बाँटा जाना है। उनके हिस्सों, y_1 तथा y_2 का योग 100 के समान होगा, अर्थात् $y1 + y_2 = 100$। हम यह भी मानते हैं कि दोनों व्यक्ति कम की अपेक्षा अधिक मात्रा का ही सदैव वरण करना चाहेंगे। अतः क्रमिकताओं की जानकारी के आधार पर हम कह सकते हैं कि पहला व्यक्ति 50-50 का विभाजन 0-100 के बंटवारे से बेहतर मानेगा। दूसरी ओर, दूसरा व्यक्ति तो 0-100 को ही सर्वश्रेष्ठ मानेगा। आइए, अब 50-50 की तुलना 49-51 के बँटवारे से करें। अब भी दोनों व्यक्तियों के वरीयता क्रमों में कोई अन्तर नहीं आता। वैयक्तिक उपयोगिताओं की गणना का तो यहाँ प्रश्न ही नहीं है। अतः हम यह नहीं कह पाते कि पहली तुलना (50-50 एवं 0-100) में लोगों के वरीयता अनुक्रम अधिक स्पष्ट थे अथवा 50-50 एवं 49-51 में अधिक स्पष्ट होंगे। हम व्यक्तियों के बीच तुलना भी नहीं कर सकते। अतः अब तो एक प्रकार की दोहरी मार पड़ रही है—हम यह कहने का दुःसाहस भी नहीं कर सकते कि पहले व्यक्ति के अंश में 0 से वृद्धि होकर 50 तक पहुँचने की प्रक्रिया में उसे प्राप्त उपयोगिता लाभ दूसरे व्यक्ति के अंश के 100 से घटकर 50 रह जाने के कारण

हुए उपयोगिता ह्रास से अधिक है या नहीं। वस्तुतः हम दूसरे व्यक्ति के अंश में 51 से 50 तक पहुँचने के कारण हुए उपयोगिता ह्रास का मूल्यांकन भी नहीं कर पाते। वैयक्ति तुलनाओं की मनाही के कारण तो यह भी नहीं कहा जा सकता कि यदि बँटवारा 0-100 है तो दूसरे व्यक्ति की स्थिति पहले की तुलना में बेहतर होगी। वस्तुतः विश्लेषण तन्त्र में व्यक्तियों के क्षेम स्तरों के जो लक्षण बँटवारे की समस्या में सहज भाव से मौजूद रहते हैं उन सबको चुन-चुनकर इस विश्लेषण तन्त्र से बाहर रखा गया है। अतः इसमें कोई आश्चर्य नहीं होना चाहिए कि बहुत ही मासूम एवं ग्राहय-सी लग रही शर्तों ने वितरण आबंटन विवेचन को पूरी तरह से समाप्त कर डाला है। यही प्रमेय 1.1 की सिद्धि है।

वैयक्तिक तुलनाएं

हमारा मुख्य मुद्दा तो व्यक्तियों के बीच तुलना करना है और केवल उपयोगिता का गणनावाची स्वरूप इसमें अधिक सहायक नहीं हो पाएगा। यह गणनावाची स्वरूप किसी व्यक्ति की अपनी उपयोगिता में हुई वृद्धि या ह्रास की तुलना तो कर सकता है किन्तु एक व्यक्ति की उपयोगिता वृद्धि की किसी अन्य के उपयोगिता ह्रास से तुलना नहीं कर पाता। दूसरे शब्दों में, वितरण विवेचन के लिए विभिन्न व्यक्तियों से सापेक्ष लाभ एवं हानि तथा उनके सापेक्ष क्षेम स्तरों का आकलन करना अनिवार्य सा लगता है। वस्तुतः गणनावाची उपयोगिता की मान्यता निर्धारित करने के बाद भी जब तक वैयक्तिक तुलनाएँ सम्भव नहीं हों, ऍरो की 'असम्भवता प्रमेय' पूरी तरह मान्य ही रहती है। हमारी प्रमेय 1.1 में भी यही गुण विद्यमान है।

अतः यह कहना अनुचित नहीं होगा कि विषमता के आकलन में अथवा विषमता के विभिन्न मापकों के मूल्यांकन में सामाजिक क्षेमफलन विश्लेषण विधि को तभी उपयोगी बनाया जा सकता है जबकि इसके मान्यता तन्त्र का सम्वर्धन कर उसमें वैयक्तिक क्षेम स्तरों की तुलना का प्रावधान बनाया जा सके। यह प्रश्न भी उठाया जा सकता है कि इस प्रकार की तुलनाएँ वास्तव में वैध भी हैं या नहीं। यदि वैद्य हैं तो किस प्रकार से ? यद्यपि अर्थशास्त्री सामान्यतः वैयक्तिक तुलनाओं के नाम से भी चिढ़ते हैं पर मेरा मत है कि इन तुलनाओं के अर्थ की सटीक रूप से व्याख्या हो सकती है। यही नहीं, इस निमित्त अनेक विश्लेषण पद्धतियाँ उपयोगी हो सकती हैं। इस रचना में हम उन अनेक सम्भव पद्धतियों में से केवल एक पर ही विचार कर रहे हैं।

यदि मैं कहूँ कि "वर्तमान अवस्था में मैं B की बजाय A होना पसन्द करूँगा" तो भी दो व्यक्तियों के बीच तुलना हो जाएगी। यद्यपि हमें A या B बन पाने का अवसर (या दुर्योग) नहीं मिल पाता, पर इस प्रकार से सोचना या अपनी अवस्था की A एवं B से तुलना करना तो ऐसा कार्य है जिसे हम सहज भाव से करते ही

रहते हैं। अतः वैयक्तिक तुलना की बात इतनी विचित्र तो नहीं होनी चाहिए।

आइए, हम व्यक्ति i को सामाजिक दशा x में उसकी अभिरुचियों एवं बौद्धिक क्षमताओं सहित (x, i) द्वारा दर्शाएँ। ऐसे सभी युग्मों पर परिभाषित वरीयता सम्बन्ध R वैयक्तिक तुलनाओं की एक क्रमवाची संरचना प्रदान कर सकता है। किन्तु वैयक्तिक रूप से तुलनात्मक गणनावाची क्षेम स्तरों के आकलन के लिए तो हमें इस क्रमिकता R से आगे निकल कर गणनावाचिता से जुड़ी अतिरिक्त विशेषताओं के लिए भी स्थान बनाना होगा। यदि मापन क्रमवाची रहे तो R को किसी बुद्धिमान एकदिश रूपान्तरण (Increasing Monotonic Transformation) द्वारा दिखाया जा सकता है। पर गणनावाचिता होने पर उसे विशिष्ट धनात्मक रेखीय रूपान्तरण द्वारा निर्दिष्ट करना सम्भव होगा। किसी भी व्यक्ति की क्षेम फलन $U(x, i)$ उस व्यक्ति i के सामाजिक दशा x के क्षेम स्तर की परिचायक होगी। वैयक्तिक तुलनाओं के लिए आवश्यकता इस तार-तन्त्र को ध्यान में रखते हुए हम इस फलन को $U_i(x)$ द्वारा ही दिखा रहे हैं और मान रहे हैं कि हमारी दृष्टि में $U_i(x)$ व्यक्ति i की उपयोगिता फलन ही हैं। व्यक्तियों के बीच तुलना की सम्पूर्णता के लिए यह भी अनिवार्य होगा कि यदि किसी एक व्यक्ति i के क्षेमफलन $U_i(x)$ का कोई रूपान्तरण किया गया है तो अन्य सभी व्यक्तियों के क्षेमफलनों का भी वही रूपान्तरण किया जाए। अर्थात् यदि सभी व्यक्तियों के क्षेमफलनों की रचना तय हो चुकी हो तो एक व्यक्ति के फलन को दुगुना करने पर अन्य सभी को दुगुना करना आवश्यक होगा। क्षेम की कोई प्राकृतिक मापन इकाई तो होती ही नहीं। अतः क्षेम फलनों के समुच्चय का स्वरूप भी किसी हद तक मनमानीपूर्ण ही रहता है। फिर भी एक बार जो स्वरूप तय कर लिया जाता है उसमें फिर से मनमाने ढंग से उलट-फेर कर पाने की इजाज़त नहीं दी जा सकती–तुलना की सम्पूर्णता का यही तकाज़ा होता है।

उपयोगितावाद

वैयक्तिक वरीयता संरचना के सूचना आधार का विस्तार कर उसमें वैयक्तिक रूप से तुलनीय गणनावाची क्षेमफलनों को समाहित कर लेने से सामाजिक विवेचन की अनेक नयी विधियाँ सुलभ हो जाती हैं। सबसे अधिक प्रचलित विधि तो उपयोगितावाद ही है–यहाँ व्यक्तियों की उपयोगिताओं के योग को सामाजिक क्षेम का माप माना जाता है। फिर वैकल्पिक सामाजिक अवस्थाओं को वैयक्तिक उपयोगिताओं के योगफल के अनुसार क्रमबद्ध किया जाता है। बैन्थम (Bantham) द्वारा प्रवर्तित इस विधि का मार्शल (Marshall), पीगू (Pegou) एवं रॉबर्टसन (Robertson) आदि अर्थशास्त्रियों ने सामाजिक विवेचन में बहुत खुलकर प्रयोग किया है। अनेक अन्य अर्थशास्त्रियों[1] ने आय के वैकल्पिक आबंटनों के विवेचन एवं आय के वितरण की विषमताओं के मापन के सन्दर्भ में भी उपयोगितावाद का ही सहारा

लिया है।

इस विधि की सबसे बड़ी समस्या यही है कि इसमें समग्र अथवा सभी व्यक्तियों की उपयोगिता के योगफल को अधिकतम करना ही एकमात्र ध्येय बन गया है—इस बात पर कोई ध्यान नहीं दिया जाता कि वह अधिकतम स्तर समाज के सदस्यों के बीच किस प्रकार विभाजित हो रहा है। इसी कारण यह विधि भी विषमताओं के मापन विवेचन के लिए पूर्णतः अनुपयोगी हो जाती है। फिर यह बड़े मज़े की बात है कि वितरण सम्बन्धी विवेचन में उपयोगितावाद का बहुत खुलकर प्रयोग होता रहा है। यही नहीं, इसे तो समतावादी मानदण्ड होने का सम्मान भी दिया जाता है। यह एक विचित्र-सी खण्डन-मण्डन प्रक्रिया का परिणाम रहा है जिसमें उपयोगितावाद के पक्षधर मार्शल एवं पीगू पर रॉबिन्स आदि ने उपयोगितावादी विचार तन्त्र को समतावादी स्वरूप में ढालने के प्रयास को लेकर तीखे प्रहार किए थे। इन्हीं प्रहारों के कारण उपयोगितावाद को समता के प्रति संवेदनशील होने का प्रतिष्ठा लाभ सहज ही प्राप्त हो गया।

इस सारे प्रकरण का स्रोत अति साधारण मान्यताओं के अन्तर्गत हुए एक संयोग को ही माना जा सकता है। उपयोगिता के स्तर को अधिकतम करने के लिए हमें विभिन्न व्यक्तियों को उनकी आयों से प्राप्त सीमान्त उपयोगिताओं को समान करना होगा। यदि हम यह मान्यता भी साथ में जोड़ दें कि सभी व्यक्तियों के उपयोगिता फलन एक जैसे हैं, तो फिर सीमान्त उपयोगिताओं की समानता अर्थ उनकी (व्यक्तिगत) कुल उपयोगिताओं की समानता बन जाता है। मार्शल एवं अन्य विद्वानों ने उपयोगितावादी विश्लेषण विधि की इस विलक्षणता को देख तो लिया था पर उन्होंने इसके आधार पर किसी क्रान्तिकारी वितरण नीति की रचना करने की जल्दबाज़ी नहीं दिखाई। किन्तु जब उपयोगितावाद पर आक्रमण प्रारम्भ हुए तो इसी एक आयाम को पकड़ कर आलोचक धुआँधार प्रहार करते रहे।

यद्यपि इस प्रकार की खण्डन-मण्डन प्रक्रिया ने उपयोगितावाद को अनावश्यक रूप से समतावादी होने का उपालम्भ दे डाला है, फिर भी इस विधि (उपयोगितावादी) के सही चरित्र को एक साधारण से उदाहरण द्वारा स्पष्ट किया जा सकता है। मान लो कि व्यक्ति B किसी प्रकार की अपंगता से ग्रस्त है। अतः सामान्य व्यक्ति A की भाँति वह अपनी आय का आनन्द नहीं भोग पाता। यह भी मान लेते हैं कि A आय के उतने ही स्तर से B से दुगुनी उपयोगिता पा लेता है। अतः उपयोगितावादी विश्लेषण पद्धति में तो आय के किसी भी स्तर के लिए A की अवस्था B से दोगुनी बेहतर मानी जाएगी। अब तो हमारा सामाजिक उपयोगिता को अधिकतम करने का

1. डाल्टन, लाँगे, लर्नर, ऐग्नर, हेन्स, टिन्बर्जन आदि (Dalton, Lange, Lerner, Aigner, Heins, Tinbergen etc.)

गणित हमें यही सुझाएगा कि A को B की अपेक्षा अधिक आय का उपभोग करने दिया जाना चाहिए। यही नहीं, अगर आय का समान बँटवारा हो तो भी A को प्राप्त कुल उपयोगिता B को मिली उपयोगिता से बहुत अधिक रहती। हमारे उपयोगितावादी सूत्र तो उलटा यह सुझाव दे रहा है कि A को अपेक्षाकृत अधिक आय पर अधिकार देना समाज के हित में होगा, यह तो समाज में उपयोगिता उपभोग के स्तर में पहले से विद्यमान भारी विषमता को और अधिक गहरी बना देगा। पहले से ही सम्पन्न A को और अधिक आय प्राप्त होगी तो स्वाभाविक है कि अपंगता के कारण अभावग्रस्त B की दुर्दशा और गहन हो जाएगी। एक तो वह आय से पूरा लाभ नहीं उठा पाता, दूसरे आय को ही इस सिद्धान्त के अनुसार कम करने की भी सिफारिश हो रही है।

इसी समस्या को हम चित्र 1.1 द्वारा और स्पष्ट कर रहे हैं। दोनों व्यक्तियों के बीच बाँटने योग्य आय का परिणाम AB है। A का अंश A से B की ओर तथा B का अंश B से A की ओर मापा जा रहा है। C तथा D बिन्दु कुल आय के विशेष बंटवारों को दिखा रहे हैं। अर्थात् C बिन्दु पर AC मात्रा A को तथा BC मात्रा B को प्राप्त होती है, इसी प्रकार D बिन्दु दिखाता है कि A को AD तथा B को BD परिमाण में आय प्राप्त होगी। व्यक्ति A की आय से सीमान्त उपयोगिता का मापन aa' द्वारा होता है। इसी प्रकार bb' द्वारा हम B की सीमान्त उपयोगिता

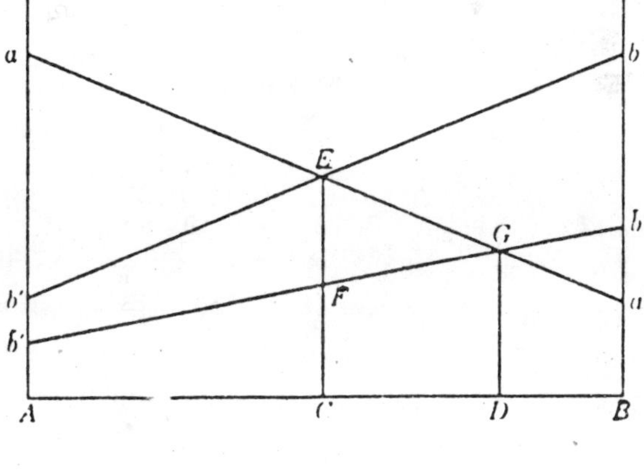

चित्र 1.1

दिखा रहे हैं। अतः सामूहिक उपयोगिता का अधिकतम स्तर बिन्दु *E* द्वारा इंगित बँटवारे *C* पर ही होगा। यहाँ $AC = BC$ तथा *A* की सीमान्त उपयोगिता (*CE*) भी *B* की सीमान्त उपयोगिता (*CE*) के समान रहती है। जब तक *B* का सीमांत उपयोगिता फलन *bb'* *A* के फलन *aa'* जैसा ही था, कोई समस्या नहीं थी। आइए, अब हमारे पूर्वउद्धत्त उदाहरण की दशा पर ग़ौर करें। *B* का सीमान्त उपयोगिता फलन तो उसकी अपंगता के कारण *A* से आधे स्तर पर ही रह जाता है। अब तो उसकी सीमान्त उपयोगिता *bb'* नहीं *bb'* द्वारा दिखाई जाएगी। यदि आय का बँटवारा $AC = BC$ ही रहने दिया जाए तो *A* की कुल उपयोगिता *AaEC* होगी तथा *B* की उपयोगिता का स्तर *BbFC* होगा। *B* की अवस्था (*A* की तुलना में) बहुत बुरी होगी। यहाँ समतावाद का आग्रह होगा कि *A* की आय का कुछ हिस्सा *B* को हस्तान्तरित किया जाए। पर क्या उपयोगितावाद इसकी इज़ाजत देगा ? उपयोगितावाद की सलाह तो एकदम उलटी ही होगी। उसका विचार होगा कि गरीब *B* से कुछ आय छीन कर संपन्न *A* को देने से ही समाज की समग्र उपयोगिता में वृद्धि सम्भव हो पाएगी, अतः वितरण विन्दु *C* से चलकर *D* पर पहुँचना समाज के बृहतर हित में होगा। इस बिन्दु *D* पर *A* को *AaGD* तथा *B* को *BbGD* द्वारा निर्दिष्ट उपयोगिताएँ सुलभ हो पाएँगी।

अब यह बात बहुत ही स्पष्ट हो जानी चाहिए कि उपयोगितावाद का समतावाद से दूर-दूर तक कोई नाता नहीं है। इसीलिए यह बात बहुत विद्रूप-सी लगती है कि जब भी विषमता के क्षेम की दृष्टि से मापन की बात उठती है, या आय के आबंटन के अभीष्ट अथवा कुशलतम स्तर के निर्धारण के नियमों की रचना का प्रसंग आता है। प्रायः सभी विशेषज्ञ उपयोगिता विधि की ओर ही उन्मुख हो जाते हैं।

एक बार ऐसा लगता भी है कि यदि सभी व्यक्तियों के उपयोगिता फलन एक समान मान लिये जाएं तो सम्भवतः इस समस्या का हल निकल आएगा किन्तु यह भी नहीं हो पाता। आय के बँटवारे के स़न्दर्भ में हम व्यक्तियों के बीच क्षेम के आबंटन की अनदेखी नहीं कर सकते। यहाँ हमारा विषमता आकलन इस बात पर निर्भर होगा कि क्या हम केवल वितरण की त्रुटियों के कारण हुए समग्र क्षेम ह्रास का मूल्यांकन कर सन्तुष्ट हो जाएँगे अथवा विभिन्न व्यक्तियों के बीच क्षेम के आबंटन से भी हमारा कुछ सरोकार रहेगा। वस्तुतः जब हम प्रत्येक व्यक्ति की उपयोगिता फलन का स्वरूप समान मान कर विषमता के विभिन्न स्तरों का आकलन या मापन करने का प्रयास करते हैं तो बहुत ही अनगढ़ ढंग से व्यक्तियों के बीच क्षेम के आबंटन की अनदेखी ही कर जाते हैं। अतः यद्यपि उपयोगितावाद ने आदर्शमूलक अर्थशास्त्रीय चिन्तन धारा को अपने सम्मोहन पाश में बाँध रखा है फिर भी यह विधि विषमता के विवेचन के लिए तो नितान्त अपर्याप्त ही सिद्ध नहीं पूर्णतः अव्यावहारिक एवं अनुपयोगी ही सिद्ध होती है।

क्षीण समता सूक्ति

सामाजिक क्षेम विवेचन में समतावादी विचारों के लिए स्थान वनाने के उद्देश्य से हम कई प्रकार की वैकल्पिक सूक्तियों का निरूपण कर सकते हैं। उन विकल्पों में से एक अत्यन्त ही आकर्षक सूक्ति इस प्रकार है :

क्षीण समता सूक्ति (Weak Equity Axiom) : मान लो कि प्रत्येक आय स्तर पर व्यक्ति r की तुलना में i का क्षेम स्तर कम रहता है। ऐसी दशा में यदि i एवं j सहित n व्यक्तियों के बीच कोई निश्चित आय राशि का अभीष्ट बँटवारा निश्चित रूप से i को j की अपेक्षा अधिक आय आबंटित करेगा।

इस सूक्ति को हम *WEA* की संज्ञा प्रदान कर रहे हैं। यह सामूहिक क्षेम-फलनों के वर्ग पर एक नई अनिवार्यता लागू कर रही है। यह नहीं कहा जा रहा कि व्यक्ति i को कितनी अधिक आय मिलनी चाहिए। बस इतना-सा ही आग्रह है कि न्यून क्षेम स्तर की प्रतिपूर्ति (चाहे आंशिक ही सही) करने के लिए उसे j की अपेक्षा कुछ-न-कुछ अधिक राशि मिलनी ही चाहिए। इस राशि से उनके क्षेम स्तर समान हो जाना जरूरी नहीं है—पर कुछ-न-कुछ समताकारी प्रभाव तो होगा ही—और हमारी *WEA* सूक्ति को उसी से सन्तोष हो जाएगा। अतः स्पष्ट ही है कि यह शर्त या अनिवार्यता कोई बहुत बड़ी माँग तो नहीं है। यहाँ तीन और बातों पर ध्यान देना आवश्यक हो जाता है। एक तो *WEA* का आदर्शवादी आकर्षण वैयक्तिक तुलनाओं की सटीक व्याख्या पर ही निर्भर करेगा। इस रचना में हम जिस विश्लेषण तन्त्र का प्रयोग कर रहे हैं अर्थात् पहले अपने-आपको उन व्यक्तियों की परिस्थितियों में रखकर हम देखें कि हमें कैसा लगता है, फिर अपनी उन अनुभूतियों के आधार पर चयन करें) के सन्दर्भ में तो *WEA* बहुत सारगर्भित प्रतीत होती है। इस प्रकार से इस सूक्ति की व्याख्या कुछ इस प्रकार होगी : यदि किसी आय स्तर पर मैं B की अपेक्षा A की दशा में होना ही बेहतर मानूँ तो मुझे निस्सन्देह यह सिफारिश करने में कोई झिझक नहीं होनी चाहिए कि B को अधिक आय दी जानी चाहिए।

दूसरी महत्त्वपूर्ण बात यह है कि कोई व्यक्ति समता के प्रति जितना अधिक सचेत होगा और समग्र के प्रति जितना कम संवेदनशील होगा, उसे *WEA* उतनी ही अधिक आकर्षक प्रतीत होगी। यह दलील दी जा सकती है कि यदि एक रुपया A को दिये जाने पर उसे प्राप्त होने वाली सीमान्त उपयोगिता B को प्राप्त हो सकने वाली उपयोगिता से अधिक हो तो वह रुपया निश्चित रूप से A को ही दिया जाना चाहिए, बेशक वह पहले ही B की अपेक्षा अधिक सम्पन्न हो। इस प्रकार का सीमान्त तुलनावाद (Marginalist Comparison) उपयोगितावाद की ही देन है। परन्तु हमारे *WEA* का विचार क्रम एवं दर्शन तो इससे एकदम विपरीत दिशा की ओर संकेत करता है। कुछ सीमा तक तो अन्तर आदर्शों का है, पर साथ ही मापनशीलता एवं

वैयक्तिक तुलनाशीलता की समस्याएँ भी कम नहीं हैं। उन पर हम अध्याय-2 में चर्चा करेंगे।

तीसरी बात यह है कि व्यक्ति *B* को इतनी अधिक आय दे पाना सम्भव है कि वह अपनी निम्न क्षेम फलन के बावजूद व्यक्ति *A* से कहीं बेहतर दशा में पहुँच जाए। *WEA* इस प्रकार की सम्भावनाओं से इन्कार नहीं करती। यह तो केवल समञ्जन की दिशा ही सुझाती है। पर यदि हम अति उत्साहवश आवश्यकता से अधिक समञ्जन कर बैठें तो विषमता का दिशा विवर्तन हो जाएगा। इस प्रकार के दिशा विवर्तन की सम्भावनाओं को रोकने के लिए हमें कुछ नए संशोधनों की व्यवस्था करनी होगी। वैसे *WEA* अपने-आप में समता की दिशा में एक क्षीण-सा ही प्रयास होता है। इसे हम इस ध्येय की प्राप्ति की हद-से-हद एक आवश्यक शर्त मान सकते हैं। पर यह पर्याप्त शर्त कभी नहीं बन पाती।

हम पहले ही देख चुके हैं कि उपयोगितावाद अनेक मामलों में *WEA* का अतिक्रमण करेगा, वस्तुतः चित्र 1.1 में दिखाया गया उदाहरण ही इस बात को अत्यन्त स्पष्ट कर देता है। आइए, और महत्त्वपूर्ण विश्लेषणात्मक निष्कर्ष हासिल करने के लिए हम इस अनगढ़ सूझ को एक प्रमेय की भाँति निरूपित करें।

प्रमेय 1.2

ऐसी सामाजिक चयन परिस्थितियाँ विद्यमान होती हैं जहाँ उपयोगितावाद क्षीण समता सूक्ति का उल्लंघन कर जाता है। इंसका प्रमाण बहुत ही सीधा है, बस एक बार चित्र 1.1 को ग़ौर से देखना भर काफी होगा।

क्षीण समता सूक्ति एवं अवनतोदरता (WEA and Concavity)

उपयोगितावादी नियम में तो केवल व्यक्तिगत उपयोगिता स्तरों का योग ही किया जाता है :

$$W = \sum_{i=1}^{n} U_i(x) \qquad (1.1)$$

इस सामाजिकक्षेमफलन *W* में समतावादी रुझान पैदा करने के लिए हम व्यक्तियों की उपयोगिताओं पर अशिथिल अवनतोदरता की अनिवार्यता लागू कर सकते हैं। इसका गणितीय स्वरूप यह होगा—यदि U^1 तथा U^2 व्यक्तिगत उपयोगिता स्तरों के दो *n*-पदीय (*n-tuples*) हों तो फिर किसी भी *t* के लिए, जहाँ $0<+<1$ हम कह सकते हैं—

$$[tW(U^1) + (1-t)\,W(U^2) < W(t-U^1 + (1-t)\,U^2) \qquad (1.2)$$

इसका अभिप्राय यही है कि उपयोगिताओं की औसत करने से केवल विषमताएँ

ही कम नहीं होती बल्कि सामाजिक क्षेम के स्तर में भी सुधार होता है। यह हमें समता की दिशा में आगे बढ़ाता है।

क्षीण समता सूक्ति एवं अशिथिल अवनतोदरता, दोनों के ही समतावादी आयाम भी है—पर क्या इनमें आपस में भी कुछ सम्बन्ध होते हैं ? वैसे एक बात तो सहज ही स्पष्ट होनी चाहिए की शर्तें परस्पर स्वतन्त्र होती हैं। *WEA* तो सीमित चयन अवस्थाओं में से अभीष्ट चयन की शर्त मात्र है। क्षेमफलन *W* में इस संकुचित चयन क्रियाओं के परिणामों के आधार पर अशिथिल अवनतोदरता की शर्त के पूरा हो पाने की कोई आशा नहीं होती। वस्तुतः यहाँ पर इससे भी शिथिल शर्त-सामान्य अवनतोदरता—यहाँ तक कि अर्द्ध-अवनतोदरता की पूर्ति भी नहीं हो पाती।

तो क्या विलोम सम्बन्ध सही होता है ? नहीं, वह भी नहीं हो पाता। *WEA* की मान्यता का आग्रह होता कि चित्र 1.1 में दर्शाये गए उपयोगितावादी प्रतिमान में से विषमतावर्धक परिणाम को पूर्णतः निरस्त कर दिया जाए एवं उसके स्थान पर समतावर्धक निष्कर्ष की सम्भावना को प्रतिस्थापित किया जाए कोई *W* फलन जो हल्के से अशिथिल अवनतोदर हो एवं उपयोगिता विश्लेषण की रेखीय क्षेमफलन के निकट हो, वह तो इस कार्य को पूरा नहीं कर पाएगी।

आइए, इसी तर्क को एक उदाहरण द्वारा और स्पष्ट करें। दो उपयोगिता फलनों पर ग़ौर करें। ये एक जैसे हैं, बस एक को दूसरी के एक अनुपात का रूप दिया गया है अर्थात् $U_2 = mU_1$, अतः प्रत्येक आय स्तर y तथा $m<1$ के लिए

$$U_2(y) = mU_1(y) \qquad (1.3)$$

मान लें कि y के प्रत्येक स्तर पर $U_1(y)$ शुद्ध रूप से धनात्मक हैं तो दूसरा व्यक्ति प्रत्येक आय स्तर पर पहले व्यक्ति की तुलना में बुरी हालत में ही रहेगा। इन दो व्यक्तियों के समूह की सामूहिक क्षेम फलन *W* होगी :

$$W = \frac{1}{\alpha} [(U_1)^\alpha + (U_2)^\alpha] \qquad (1.4)$$

यदि $\alpha < 1$ हो तभी यह फलन अशिथिल अवनतोदरता की शर्त पूरी कर पाएगी। हमारी समस्या इस क्षेम स्तर *W* को अधिकतम स्तर तक पहुँचाने की है, पर उस पर एक शर्त लागू रहेगी कि दोनों व्यक्तियों की आय का योग कुल सामाजिक आय *Y* से अधिक न हो जाए। अर्थात् :

$$y_1 + y_2 \leq Y, \qquad (1.5)$$

अब $U(y) = U_1(y)$ मानकर हम कह सकते हैं कि आय का अभीष्ट बँटवारा वह होगा जिसमें यह गुण पाया जाए—

$$[U(y_1)^{\alpha-1}]\ U'(y_1) - [U(y_2)^{\alpha-1}]\ U'(y_2)\ U'(y_2) m^{\alpha} = 0 \quad (1.6)$$

इसका अर्थ होगा :

$$U'(y_1)/U'(y_2) = m^{\alpha}[U(y_1)/U(y_2)]^{1-\alpha} \quad (1.7)$$

यदि $\alpha > 0$ तो $m^{\alpha} < 1$ और यदि $\alpha < 0$ तो फिर $m^{\alpha} > 1$। आय बढ़ने से U' में कमी आने पर U में वृद्धि होती है, अतः $y_1 < y_2$ की शर्त तभी पूरी होगी जबकि $\alpha < 0$। इस अवस्था में W फलन की 'एक' उच्चतम सीमा अवश्य होगी। यह संरचना रामसे की सामाजिक क्षेमफलन के 'परमआनन्द' के स्तर की ओर इंगित करती है। पर अशिथिल अवनतोदरता की सम्पूर्ति तो $\alpha < 1$ से ही हो जाती है और यहाँ *WEA* के लिए $\alpha < 0$ आवश्यक रहता है। अतः यह स्पष्ट है कि जहाँ अशिथिल अवनतोदरता विद्यमान हो वहाँ *WEA* की सम्पूर्ति स्वमेव ही नहीं हो जाती। वस्तुतः यदि $\alpha > 0$ तो $y_1 > y_2$ होगी। यदि $\alpha = 0$ तो वहाँ पर $y_1 = y_2$ ही होगी।

समता एवं क्षेम अर्थशास्त्र

क्षीण समता सूक्ति एवं अशिथिल अवनतोदरता का उपयोगितावाद से टकराव मुख्यतः समताकारी कारणों पर ही आधारित होता है। किन्तु, उनमें आपस में अन्तर का आधार समताकारी आदर्शों को विश्लेषण में समाहित करने की विधि में ही निहित रहता है। अशिथिल अवनतोदरता सारी सामाजिक मूल्यांकन प्रक्रिया में औसत को वरीयता प्रदान करने के माध्यम से समताकारिता को समाहित करती है। पर यह वरीयता बहुत हल्की-फुल्की-सी भी हो सकती है। इसके विपरीत क्षीण समता सूक्ति का आग्रह है कि अभीष्ट के चयन में समता को निश्चिततः वरीयता दी जाए। पर केवल किन्हीं विशेष परिस्थितियों में ही ऐसा करना उचित होगा। इन दोनों शर्तों में काफी समानता तो है पर एक बहुत क्षीण परन्तु व्यापक प्रसार से पूर्ण है तो दूसरी कुछ सशक्त होने पर भी सीमित प्रसार क्षेत्र में ही लागू होती है।

यह बात दोहराना असंगत नहीं होगा कि हमने बहुत-सी हल्की-फुल्की शर्तों की कसौटी पर भी विफल हो जाने के कारण ही उपयोगितावादी चिन्तन धारा को अस्वीकार किया है। रॉल्स महाशय का "न्यूनतम को अधिकतम" करने का नियम (Maxim Rule of Rawls) तो समतावाद की और भी सशक्त कसौटी है। उस नियम में समाज का उद्देश्य ही सबसे पिछड़े हुए क्षेम स्तर में सर्वाधिक सुधार करना होगा। यदि हम केवल दो व्यक्तियों के समाज की कल्पना करें तो क्षीण समता सूक्ति रॉल्स की शर्त की अपेक्षा बहुत ही हल्की-सी लगती है। यदि एक व्यक्ति की क्षेम फलन प्रत्येक आय स्तर पर दूसरे व्यक्ति से नीचे ही रहती है तो रॉल्स का आग्रह होगा कि उस व्यक्ति को तब तक दूसरे व्यक्ति से छीनकर आय उपलब्ध कराते रहो जब

तक कि दोनों के उपयोगिता स्तर समान नहीं हो जाते। किन्तु यदि यह न्यून क्षेम वाला व्यक्ति सम्पूर्ण आय का उपभोग करने पर भी नीचे ही पड़ा रह जाता हो तो फिर इस विचार पर आचरण कर पाना सम्भव नहीं रहेगा। हालाँकि रॉल्स के मत का स्वाभाविक निहित आग्रह यही होगा कि सारी आय उसी के हवाले कर दी जाए। पर इस प्रकार की विचित्र स्थिति पर अधिक चिन्ता करने का कोई विशेष कारण नहीं होता। इस प्रकार के लागतविहीन हस्तान्तरणपूर्ण वितरण प्रतिमान का व्यावहारिक नीति निर्धारण में विशेष उपयोग नहीं हो पाता। रॉल्स की कसौटी कितनी समताकारी होगी इसका निर्णय भी इसी आधार पर हो पाएगा कि समग्र आय किस सीमा तक इस वितरण (दोनों व्यक्तियों के बीच आय के बँटवारे) पर निर्भर करती है। इस संदर्भ में प्रेरणाओं और उनसे जुड़े मुद्दों पर अध्याय-4 में चर्चा होगी। रॉल्स के विचार के विपरीत क्षीण समता सूक्ति तो मात्र यही आग्रह करती है कि उस असमर्थताग्रस्त व्यक्ति को कुछ ज्यादा अवश्य मिले, कितना ज्यादा, इस बारे में कोई स्पष्ट निर्देश नहीं दिया जाता। यही सच्चाई कि उपयोगितावाद इतनी हल्की-सी बाधा को भी पार नहीं कर पाता उसे सहज ही विषमताओं के मूल्यांकन के लिए नितान्त अनुपयोगी सिद्धान्त बना देती है। यही नहीं, यदि *WEA* ने मात्र यही आग्रह किया होता कि असमर्थताग्रस्त व्यक्ति की आय में कोई कटौती नहीं की जाए, तो भी उसका उपयोगितावाद से सहज ही टकराव हो सकता था क्योंकि उपयोगितावाद तो उस व्यक्ति से आय छीनकर अधिक सौभाग्यशाली को देने तक की बात कर सकता है।

अन्त में, हम निष्कर्ष के रूप में कह सकते हैं कि नई-पुरानी, क्षेम अर्थशास्त्र की दोनों धाराएँ हमें विषमताओं के अध्ययन में कोई विशेष सहायता नहीं प्रदान कर पातीं। पैरेटो दक्षता एवं नव क्षेम अर्थशास्त्र की मूलभूत प्रमेय तो आय के वितरण की बात से दूर से ही किनारा कर जाती हैं। वैयक्तिक स्तरों एवं गहनताओं की तुलना के अभाव में वैयक्तिक क्रमिकताओं पर आश्रित सामाजिकक्षेम फलन विधि भी वितरण के प्रश्नों के समाधान की कोई रूपरेखा नहीं निर्धारित कर पाती। प्रमेय 1.1 इसी सच्चाई को बड़े नाटकीय ढंग से उजागर कर देती है। अन्ततः उपयोगितावादी, जोकि प्राचीन क्षेम अर्थशास्त्री चिन्तन का आधार रहा है, समग्र क्षेम को अधिकतम करने के प्रति कुछ इस प्रकार चिन्तित रहा है कि उसे आय के बँटवारे की ओर झाँकने की भी फ़ुरसत नहीं रही। वस्तुतः इसकी यह अन्धी दौड़ बहुत ही विषमताकारी नीतियों की सिफ़ारिश भी कर सकती है। विषमता के मापन-मूल्यांकन में यह विधियाँ अधिक सहायक नहीं हो सकतीं। वस्तुतः क्षेम अर्थशास्त्र का यह राजमार्ग तो विषमता मूल्यांकन की दृष्टि से बहुत ही अन्धकारमय प्रतीत होता है।

2.

विषमता के मापक

इस अध्याय में हम विषमता के विभिन्न मापकों की समीक्षा कर रहे हैं। जैसा कि हमने पहले अध्याय में भी उल्लेख किया था, ये मापक दो श्रेणियों में बाँटे जा सकते हैं। पहली श्रेणी में वे वस्तुपरक मापक आते हैं जिनमें सामाजिक क्षेम के विचार का कोई प्रयोग नहीं होता। दूसरी श्रेणी में आदर्शमूलक मापन विधियाँ हैं। इनमें स्पष्टतः सामाजिक क्षेम के विचार का प्रतिपादन एवं प्रयोग होता है और विषमतापूर्ण वितरण के कारण क्षेम-हानि का आकलन करने का प्रयास भी किया जाता है। यद्यपि मेरा तर्क रहा है कि इन दो श्रेणियों की विभाजन रेखा बहुत स्पष्ट नहीं किन्तु फिर भी इनमें कुछ अन्तर तो होते ही हैं। इन मापकों की अलग-अलग व्याख्या करना ही उपयोगी रहेगा। आइए, पहले वस्तुपरक मापकों से ही शुरुआत करें।

परिसर

आइए 'n' व्यक्तियों के बीच आय के वितरण पर विचार करें। yi द्वारा i व्यक्ति की आय दर्शाई जा सकती है। यदि सभी की औसत आय का स्तर μ द्वारा दिखाया जाए तो फिर

$$\Sigma_{i=1}^{n} y_i = n\mu \qquad (2.1)$$

व्यक्ति i को यदि कुल आय का x_i अंश (सापेक्ष या प्रतिशत) मिलता हो तो–

$$y_i = n\mu x_i \qquad (2.2)$$

इस वितरण में उच्चतम एवं निम्नतम आय स्तरों की तुलना से हमें विषमता का सरलतम मान प्राप्त होता है। अतः हम इन दो स्तरों के बीच के अन्तर को औसत आय के अनुपात के रूप में अभिव्यक्त करते हुए परिसर (Range) का नाम दे सकते

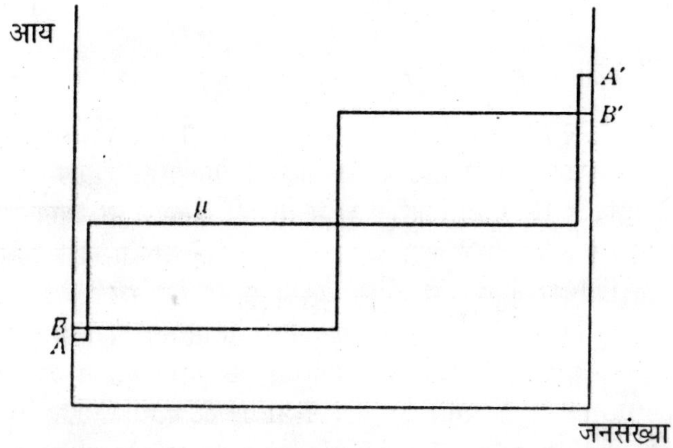

चित्र 2.1

हैं। इस प्रकार परिभाषित परिसर को हम E द्वारा निर्दिष्ट करते हैं :

$$E = (Max_i\ Y_i - Min_i\ Y_i)/\mu \tag{2.3}$$

यदि आय के वितरण में कोई असमानता न हो अर्थात् पूर्ण समता हो तो $E = 0$, क्योंकि उस दशा में $Max_i Y_i$ और $Min_i Y_i$ एक-दूसरे के समान होंगे। अगर सारी ही आय एक व्यक्ति को सौंप दी जाए तो फिर E का मान n होगा। अतः E का मान शून्य एवं n के बीच में रहता है।

परिसर की सबसे बड़ी त्रुटि तो यही है कि इसमें न्यूनतम से अधिकतम के बीच में वितरण के स्वरूप पर कोई ध्यान नहीं दिया जाता। चित्र 2.1 में हमने दो वितरण दिए हैं। वितरण AA' का परिसर BB' से अधिक विस्तृत है। AA' के अधिकाँश सदस्य औसत आय का ही उपभोग कर रहे हैं केवल न्यूनतम एवं अधिकतम ही इस औसत से परे चले गए हैं। दूसरी ओर–वितरण BB' स्पष्टतः समाज को दो वर्गों में बाँट देता है–ग़रीब एवं अमीर। यहाँ यह स्पष्ट है कि केवल अधिकतम एवं न्यूनतम पर आश्रित होने के कारण परिसर समाज के इस दो वर्गों में हुए विभाजन पर कोई ध्यान नहीं दे पाएगा।

सापेक्ष औसत विच्युति

समग्र वितरण पर ध्यान देने का एक तरीका यह है कि प्रत्येक आय स्तर का औसत आय से अन्तर ज्ञात कर उन अन्तरों के परम मान (Absolute Values)

के योगफल को समग्र आय के अनुपात के रूप में व्यक्त किया जा सकता है। इसे हम सापेक्ष औसत विच्युति (*Relative Mean Deviation*) का नाम देते हैं, और *M* द्वारा दिखाते हैं।

$$M = \sum_{i=1}^{n} | \mu - y_i | / n\mu \qquad (2.4)$$

यदि समाज में पूर्ण समता हो तो *M* का मान शून्य होगा। यदि सारी आय किसी एक ही व्यक्ति को सौंप दी जाए तो *M* का मान होगा $2 (n-1)/n$। पर यह बात ध्यान देने योग्य है कि *E* के विपरीत *M* में सारे ही आबंटन पर ध्यान दिया गया है। अतः चित्र 2.1 में *BB'* से जुड़ा *M* का मान *AA'* की अपेक्षा बहुत अधिक बैठेगा। यह बात विषमता के बारे में हमारी धारणा से भी मेल खाती है।

सापेक्ष औसत विच्युति के प्रयोग में भी एक गम्भीर समस्या पैदा हो सकती है। यदि हम औसत आय के एक ही ओर अवस्थित एक ग़रीब व्यक्ति की आय का कुछ अंश छीन कर किसी अमीर को सौंप दें तो *M* के मान पर कोई प्रभाव नहीं पड़ता। यह बात कुछ विचित्र-सी लगती है। इसी प्रकार यदि समाज के सबसे ग़रीब व्यक्ति से एक रुपया छीनकर औसत रेखा से नीचे वाले किसी अपेक्षाकृत सम्पन्न व्यक्ति की जेब में डाल दिया जाए तो उसका औसत से अन्तर उतना ही कम होगा जितना कि सबसे ग़रीब का अन्तर बढ़ जायेगा। अतः जब दोनों का योगफल देखते हैं तो उसमें कोई बदलाव नहीं दिखाई पड़ता। अतः इस प्रकार के हस्तान्तरण के कारण *M* अप्रभावित रह जाता है।

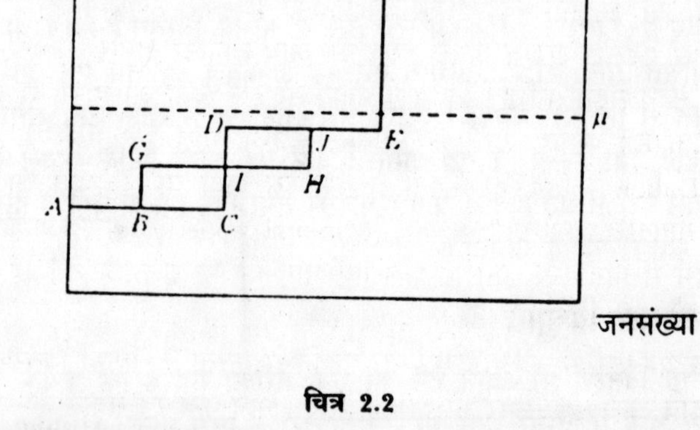

चित्र 2.2

चित्र 2.2 पर ध्यान दें। शुरू में आय का वितरण *ABCDEF* था, पर उसे परिवर्तित करके हम नए वितरण की रचना कर लेते हैं। यह नया वितरण *ABGHJEF* है। इस पुनः वितरण में कुछ अपेक्षाकृत सम्पन्न लोगों से लेकर कुछ राशि सबसे ग़रीब वर्ग को दे दी गई है। पर *M* का मान अपरिवर्तित ही रहता है। *BGIC* के समान अन्तर की कमी के एकदम समरूप *DIHJ* की वृद्धि भी इसी हस्तान्तरण प्रक्रिया का परिणाम ही होती है। ध्यान दें कि चित्र की रचना इस प्रकार की गई है कि $BC = DJ$ तथा $BG = JH$। अतः एक मापक के रूप में *M* ऐसे किसी पुनः वितरण पर ध्यान नहीं दे पाता जो *M* द्वारा निर्धारित सीमा का अतिक्रमण नहीं करता। यह संयुक्त राज्य अमेरिका की कानूनी व्यवस्था की भाँति ही विचित्र-सी व्यवस्था प्रतीत होती है–उस देश में अनेक कानून उसी दशा में सक्रिय होते हैं जबकि किसी अपराध के दौरान अपराधी एक राज्य की सीमा से किसी दूसरे प्रान्त में चला जाए, अन्यथा नहीं। हमारा सामान्य विषमता बोध तो *ABCDEF* वितरण को *ABGHJEF* की अपेक्षा अधिक विषमतापूर्ण ठहराएगा, पर *M* द्वारा मापन इस परिवर्तन को अभिव्यक्त कर पाने में पूरी तरह विफल रहता है।

प्रसरण एवं प्रसरण गुणांक

औसत स्तर से परम अन्तरों के योग के स्थान पर उनके वर्गों का योग करने पर औसत से अधिक दूर अवस्थिति वाले अन्तरों का महत्त्व-मान सम्वर्धित हो जाता है। अब चित्र 2.2 में दिखाए गए अन्तरण से विषमता का मान निश्चित रूप से कम होगा। सांख्यिकी में सामान्यतः प्रयुक्त संकल्पना-प्रसरण (Variance) में यह विशेषता बहुत स्पष्ट होती है। हम प्रसरण को *V* द्वारा अभिव्यक्त करते हैं :

$$V = \sum_{i=1}^{n} (\mu - y_i)^2/n \qquad (2.5)$$

हमारे उपर्युक्त चित्र 2.2 में *ABCDEF* वितरण का प्रसरण *ABGHJEF* की तुलना में अधिक होगा (वर्ग करने की प्रक्रिया में *BG* का प्रभाव *JH* से अधिक हो जाता है)। इस प्रकार से किसी गरीब की आय छीनकर अमीर को देने पर प्रसरण का मान सदैव बढ़ता ही है। विषमता मापक में इस खूबी का होना बहुत आकर्षक प्रतीत होता है। वस्तुतः आज के समय से काफी पहले 1920 में ही ह्यू डाल्टन (Hugh Dalton) साहब का कहना था कि इस खूबी या विशेषता को किसी भी विषमता मापक की 'न्यूनतम ग्राह्यता' (Minimal property) मानना चाहिए। डाल्टन इस सन्दर्भ में पीगू (Pigou) द्वारा सुझाए मार्ग पर ही चल रहे थे। अतः इसे हम पीगू-डाल्टन अनिवार्यता का नाम दे रहे हैं।

पर यह प्रसरण औसत आय स्तर पर निर्भर करता है। किसी वितरण में सापेक्ष उतार-चढ़ाव अधिक होने पर भी उसका प्रसरण मान कम रह सकता है–अगर इसमें

अपेक्षाकृत कम औसत आय के गिर्द अन्तरालों के आधार पर आकलन किया गया हो। इस त्रुटि से मुक्त एवं केवल सापेक्ष उत्तार-चढ़ाव पर आश्रित ऐसे मान को हम प्रसरण गुणांक (Coefficient of Variation) का नाम देते हैं। यह वस्तुतः प्रसरण के वर्गमूल एवं औसत आय का अनुपात ही है। इसे C द्वारा अभिव्यक्त किया जाता है।

$$C = V^{1/2}/\mu \tag{2.6}$$

इस प्रसरण गुणांक में प्रत्येक स्तर के आय-अन्तरण के प्रति संवेदनशीलता का गुण पाया जाता है। यह प्रसरण के विपरीत आय के औसत स्तर पर निर्भरता से मुक्त भी होता है पर अन्तरों के वर्गफलों के आकलन की प्रक्रिया कुछ 'विशेष' ही लगती है। प्रश्न उठ सकता है कि इसी सूत्र का प्रयोग क्यों किया जाना चाहिए ? यह तो सहज ही समझ आ जाता है कि C में प्रत्येक आय स्तर पर अन्तरण का भार-मान (*Weight*) एक समान ही माना जा रहा है। अतः Y आय वाले व्यक्ति से थोड़ी-सी आय $(y-d)$ वाले को दे देने का प्रभाव एक समान ही होगा, चाहे y का स्तर कुछ भी हो। क्या इस प्रकार की निरपेक्षता (Neutrality) एक ग्राह्य विशेषता मानी जाएगी ? ज़रा इस तर्क पर ग़ौर करें, क्या 1000 रुपये वाले से 100 रुपये लेकर 900 रुपये वाले को दे देने का प्रभाव उतना ही होगा जितना कि 100000 रुपये वाले से 100 रुपये 10,00,000 रुपये वाले को देने का ? सामान्यतः तो हमारे सहज विवेक का तकाज़ा यही होगा कि न्यून आय स्तर पर अन्तरण का प्रभाव अधिक सशक्त मानना चाहिए। वस्तुतः अब हम विश्लेषण के उस धरातल पर पहुँच रहे हैं जहाँ हमारा विषमता विषयक सहज विवेक अपेक्षाकृत रूप से बहुत सुस्पष्ट नहीं रह पाता और विषमता मापकों का सामान्यतः स्वीकृत विषमता की कसौटियों पर मूल्यांकन भी बहुत कठिन या दुरूह हो जाता है। फिर भी हमारा मूल प्रश्न तो अभी भी ज्यों-का-त्यों बचा ही हुआ है : क्या वर्गफलों के योग के अतिरिक्त ऐसी कोई अन्य विधि नहीं हो सकती जिसके प्रयोग से विषमता मापक पीगू-डाल्टन की अनिवार्यता के अनुरूप अमीरों से ग़रीबों का हस्तान्तरण के प्रति संवेदनशील बन जाए ?

एक अन्य कार्यविधि से जुड़ा प्रश्न भी कई बार उठाया गया है। क्या प्रत्येक आय स्तर का औसत से अन्तर मापना ही तुलना का एकमात्र तरीका है ? क्या प्रत्येक युग्म के परस्पर आय अन्तरों का आकलन तुलना की दृष्टि से अधिक उपयोगी नहीं होगा ? इस दूसरी विधि में प्रत्येक व्यक्ति की आग का अन्य सभी की आयों से अन्तर आकलित हो जाता है, जबकि औसत से अन्तर में तो कुछ-न-कुछ अस्पष्टता ही रहती है (क्योंकि यह आवश्यक नहीं कि समाज में किसी भी व्यक्ति की आय औसत के समान हो)।

लघुगणकों का मानक विचलन

यदि हम निचले स्तर पर आय के अन्तरणों को अधिक महत्त्वपूर्ण मानते हों तो फिर आय स्तरों का कुछ ऐसा प्रत्यावर्तन उपयोगी हो सकता है जो आय स्तरों को कुछ और फैला दे। इस दृष्टि से लघुगणक (Logarithms) बहुत उपयोगी हो सकते हैं। लघुगणकों के प्रयोग का एक और लाभ भी होता है : जब हम वास्तविक आय स्तरों के प्रसरण या मानक (Standard Deviation) का आकलन करते हैं तो हमारे मापक का मान मापन की इकाइयों से भी प्रभावित होता है। पर लघुगणक विधि में परम मानों के गुणन तो यौगिक रूप धारण कर लेते हैं, अर्थात् एक स्थिरांक को दोनों राशियों में जोड़ दिया जाता है। जब हम युग्मानुसार अन्तर ज्ञात करते हैं तो स्थिर अंक सहज ही घटाने की क्रिया में समाप्त हो जाता है। दूसरे शब्दों में, उसका प्रभाव हमारे मापक के मान पर नहीं पड़ने पाता। इसलिए कोई आश्चर्य की बात नहीं कि अनेक बार लघुगणकों के मानक विचलन को विषमता के मापक के रूप में प्रयोग करने का सुझाव दिया गया है। जैसा कि सांख्यिकी के ग्रन्थ सुझाते हैं, यहाँ ज्यामितिक औसत से विचलन का प्रयोग होता है। यह बात भी ध्यान देने योग्य है कि सामान्यतः आय वितरण से जुड़ी अर्थशास्त्रीय रचनाओं में तो गणितीय औसत का ही प्रयोग होता रहा है। इस लघुगणक मानक विचलन को हम H द्वारा दर्शा रहे हैं–

$$H = [\sum_{i=1}^{n} (log\mu - log\ y_i)^2/n]^{1/2} \qquad (2.7)$$

लघुगणकों में प्रत्यावर्तन से आय के स्तर कुछ बिखर जाते हैं। इस कारण विचलन कम रहते हैं और विषमता इतनी भयावह नहीं प्रतीत होती। किन्तु इसकी सबसे बड़ी विशेषता यही है कि इसमें निम्न आय स्तर जितना बढ़ता है, लघुगणक उतनी ही अधिक तीव्रता से उसे संकुचित कर देता है। अतः क्षेम के मापक के रूप में H में उच्च आय स्तरों पर भी अवनतोदरता (Concavity) नहीं आ पाती। यद्यपि H में अन्य दृष्टियों से बहुत आकर्षक गुण हैं किन्तु यदि हम सामाजिक क्षेम को व्यक्तियों की आय की अवनतोदर फलन का रूप देने पर ही आग्रह करें तो फिर इस मापक को लेकर भी समस्याएँ पैदा हो जाती हैं।

यही नहीं, H में भी वर्गफल का ही प्रयोग होता है, चाहे यह लघुगणक आकलित करने के बाद ही हो। इसमें भी V एवं C की ही भाँति केवल औसत से अन्तरों पर ध्यान दिया जाता है।

गिनी-गुणांक एवं सापेक्ष औसत अन्तर

विषमता के स्तर के आकलन के लिए गिनी (Gini) द्वारा 1912 में सुझाये

गए मापक का बहुत बढ़-चढ़ कर प्रयोग हुआ है। इस मापक पर अनेक विद्वानों ने बहुत काम किया है। इसका एक स्वरूप तो लॉरेन्ज़ वक्र विश्लेषण (Lorenz Curve Due) है। (यह बड़ी विचित्र बात है कि इस वक्र के निरूपण का श्रेय लॉरेन्ज़ (1905) को नहीं दिया जाता)। इसमें जनसंख्या के प्रतिशत अंशों को न्यून से अधिक आय अंश के अनुसार संकलित कर क्षैतिज अक्ष पर दर्शाया जाता है तथा प्रत्येक शतांक का आय अंश ऊर्ध्व अक्ष पर अंकित किया जाता है। ऐसी एक लॉरेन्ज़ वक्र हम चित्र 2.3 में बना रहे हैं :

यह तो स्पष्ट ही है कि जनसंख्या के शून्य शतांश को आय का भी शून्य शतांश ही प्राप्त होगा। इसी प्रकार शत-प्रतिशत जनसंख्या को शत-प्रतिशत आय प्राप्त होने में भी किसी को कोई सन्देह नहीं होता। अतः लॉरेन्ज़ वक्र एक इकाई वर्ग के एक कोने से आरंभ होकर उससे बिल्कुल विकर्णाभिमुख (Diagonally Opposite) बिन्दु तक फैली होगी। यदि सभी व्यक्तियों की आय समान होती तो

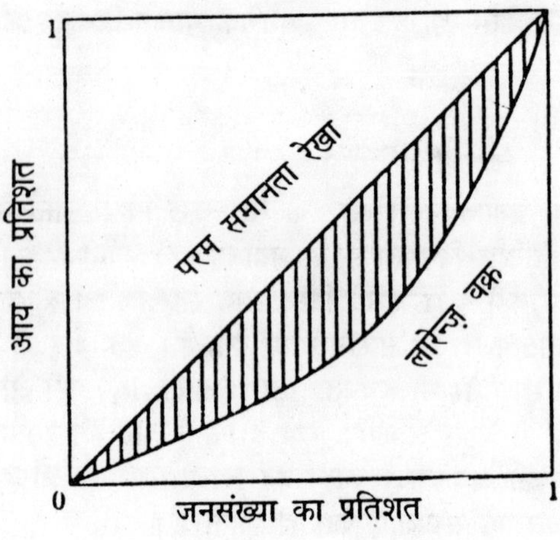

चित्र 2.3

लॉरेन्ज़ वक्र विकर्ण का अनुसरण करती। पर विषमता के कारण निम्न आय वर्गों को अपने संख्या बल के अनुपात से आय नहीं मिल पाती। उनका आय अंश संख्या

अंश से कम रह जाता है। अतः स्वाभाविक ही है कि सामान्यतः किसी भी विषमतापूर्ण समाज में लॉरेन्ज़ वक्र विकर्ण से नीचे ही रहेगा। इसका ढाल भी जैसे-जैसे हम और अमीर वर्गों की ओर चलेंगे, बढ़ता ही जाएगा (इस ढाल में कमी आने की कोई सम्भावना हरगिज़ नहीं होगी)।

गिनी-गुणांक (Gini Coefficient) परम समता रेखा (विकर्ण) एवं लॉरेन्ज़ वक्र के बीच के क्षेत्र और विकर्ण के नीचे वाले त्रिभुज का अनुपात है। इसे हमने चित्र 2.3 में रेखाभूत क्षेत्र द्वारा दिखाया है। गिनी-गुणांक की परिभाषा कई प्रकार से हो सकती है। कुछ जटिल से गणितीय प्रयासों द्वारा यह भी सिद्ध हो सकता है कि इसका मान वस्तुतः सापेक्ष औसत अन्तर के आधे के समान ही होता है। सापेक्ष औसत अन्तर को प्रत्येक आय युग्म में परम अन्तरों की औसत द्वारा ही आकलित किया जाता है।

$$G = (1/2\, n^2\mu)\ \Sigma_{i=1}^{n} \Sigma_{j=1}^{n}\ |y_i - y_i| \qquad (2.8.1)$$

$$= 1 - (1/n^2\mu).\ \Sigma_{i=1}^{n} \Sigma_{j=1}^{n}\ Min\ (y_i,\ y_j) \qquad (2.8.2)$$

$$= 1 + (1/n) - (2/n^2\mu)\ \ [y_1 + 2y_2 + \ldots ny_n] \qquad (2.8.3)$$

यदि $y_1 \geq y_2 \ldots \geq y_n$

सभी आय-युग्मों के अन्तरों का आकलन करने के कारण गिनी-गुणांक C, V अथवा H की तरह केवल औसत से अन्तर के कारण हुई आलोचनाओं से बच जाता है। इसमें C, V या H की तरह मनमानीपूर्ण वर्गफलन का दोष भी नहीं है। अतः यह अमीर से ग़रीब को अन्तरण के प्रति सचेत रहते हुए आकलन की अपेक्षाकृत प्रत्यक्ष विधि भी प्रतीत होती है। वस्तुतः गिनी-गुणांक अथवा सापेक्ष औसत अन्तर का सबसे बड़ा आकर्षण यही है कि इसमें प्रत्येक आय युग्म के अन्तर की प्रत्यक्ष गणना की जाती है।

वैकल्पिक मापकों की क्षेम व्याख्याएँ

उपर्युक्त मापकों की क्षेम तुलना की दृष्टि से व्याख्या करने पर यह तो स्पष्ट ही है कि परिसर E तथा सापेक्ष औसत विच्युति M तो पूरी तरह से ही अनुपयोगी रहेंगे। वास्तव में हमें प्रसरण गुणांक C, लघुगणकों के मानक विचलन H तथा गिनी गुणांक G के बीच ही वास्तविक स्पर्धा दिखाई देती है। इनकी सापेक्ष उपादेयताओं की तुलना करने के लिए इन मापकों की विशेषताओं का सूक्ष्म विवेचन करना होगा।

सबसे पहले तो आइए पीगू-डाल्टन अनिवार्यता की कसौटी पर विचार करते हैं। प्रसरण गुणांक C तथा गिनी-गुणांक G दोनों ही इस अनिवार्यता का अनुपालन

करते हैं। अमीर से ग़रीब व्यक्ति को आय के अन्तरण से C एवं G, दोनों के ही मान कम हो जाते हैं। किन्तु लघुगणक विचलन H इस कसौटी पर खरा नहीं उतरता–इसमें तो अमीर से ग़रीब को अन्तरण होने पर वृद्धि भी हो सकती है। यद्यपि इस प्रकार की सम्भावना आय के अति उच्चस्तर पर ही होती है, फिर भी इस सत्य की अनदेखी नहीं हो पाती कि H पीगू-डाल्टन अनिवार्यता का अनुपालन करने में विफल रह सकता है।

दूसरी कसौटी सापेक्ष संवेदनशीलता की है। हम पहले ही देख चुके हैं कि C प्रत्येक आय स्तर पर समान रूप से संवेदनशील है और H निम्न आय स्तर के अन्तरणों के प्रति अधिक सजगता दर्शाता है। यदि 1000 रुपये वाले से 900 रुपये वाले व्यक्ति को 100 रुपये के अन्तरण का महत्त्व 10,00,100 वाले से 10,00,000 को 100 रुपये के अन्तरण से अधिक हो तो प्रसरण गुणांक वास्तव में बहुत कठिनाई में पड़ जाएगा। लघुगणक मानक विचलन यहाँ आवश्यक संवेदनशीलता अवश्य प्रदर्शित करता है किन्तु यह मापक उच्च आय स्तरों के प्रति इस तरह से संवेदनहीन बन जाता है कि पीगू-डाल्टन शर्त का भी उल्लंघन कर बैठता है। क्या ही अच्छा होता अगर यह पीगू-डाल्टन अनिवार्यता का अतिक्रमण किये बिना अपनी निम्न आय स्तर संवेदनशीलता को बनाएं रख पाता। क्या गिनी-गुणांक इस कमी को पूरा कर पायेगा ?

उत्तर है–नहीं। यह नहीं हो पाएगा। गिनी-गुणांक की संवेदनशीलता आय स्तरों के आकार पर नहीं बल्कि उन स्तरों के बीच आने वाले व्यक्तियों की संख्या पर निर्भर करती है। उपर्युक्त सम्बन्ध (2.8.3) का अभिप्राय है कि क्षेमफलन विभिन्न व्यक्तियों की भारित आयों का योगफल ही है। इन भार मानों का निर्धारण व्यक्तियों के आय अनुक्रम में स्थान (या क्रमिकता) द्वारा होता है। अतः iवें उच्चतम आय वाले और j वें उच्चतम आय वाले व्यक्तियों के बीच प्रतिस्थापन दर j/i ही होगी। दूसरे शब्दों में, दूसरे सबसे सम्पन्न व्यक्ति को 3 रुपये दिये जाने का भार मान तीसरे सम्पन्नतम को दिए गए 2 रुपयों के समान ही रहता है। अतः वास्तविक भार-मान इस बात पर निर्भर करेंगे कि आय स्तरानुसार जनसंख्या किस प्रकार आबंटित है। यदि व्यक्ति A की आय 2000 रुपये एवं B की 1900 रुपये हो और A 1000 वाँ सम्पन्नतम तथा B 1100 वां सम्पन्नतम व्यक्ति हो तो B को मिलने वाला एक रुपया A को मिले 1.10 रुपयों के समान माना जाएगा। किन्तु यदि और 100 व्यक्तियों की आय 1900 एवं 2000 रुपयों के बीच हो जाए तो फिर B के एक रुपये का मान A को मिले 1.20 रुपयों के समान हो जाएगा। गिनी-गुणांक की रचना ही कुछ ऐसी है कि यद्यपि A तथा B की अपनी-अपनी आय तो पूर्ववत् ही हैं पर उनके आय परिसर में कुछ अन्य लोगों के प्रवेश के कारण उनके सापेक्ष भार मानों में परिवर्तन आ जाता है।

गिनी-गुणांक की व्याख्या भी कई तरह से हो सकती है। वैसे तो चित्र 2.3

की अपनी छाप बहुत सारपूर्ण रहती है। अभी तक हम जिस सम्बन्ध (2.8.3) की बात कर रहे थे, वह गिनी-गुणांक की अन्तर्निहित क्षेम फलन के स्वरूप की व्याख्या करता है। उसके अनुसार गिनी गुणांक क्रमिकतांक भारित आय अंशों के योग द्वारा क्षेमफलन का निरूपण करता है। दूसरी ओर, (2.8.2) द्वारा दर्शाया गया स्वरूप गिनी-गुणांक का एक अन्य ही रूप दर्शाता है। मान लो कि किसी व्यक्ति युग्म का क्षेम-स्तर उनमें से न्यूनतम स्तर द्वारा ही दर्शाया जाता है। फिर तो सारे समुदाय का समग्र क्षेम स्तर इन सभी युग्मों के क्षेम स्तरों के योगफल के समान हो जाएगा। गिनी गुणांक में अन्तर्निहित यह क्षेम फलन रॉल्स के 'न्यूनतम के अधिकतमीकरण' (Maximin) विचार के बहुत ही अनुरूप प्रतीत होती है।

सम्बन्ध (2.8.1) एक अन्य ही व्याख्या की ओर संकेत करता है। युग्मानुसार तुलना में यह समझा जा सकता है कि न्यून आय वाले व्यक्ति को अपनी आय की न्यूनता की अनुभूति से धक्का लगता है। इस धक्के की गहनता आय के अन्तर के समान मानी जा सकती है। सभी युग्मों में इन धक्कों या आघातों के योगफल द्वारा भी गिनी-गुणांक का आकलन हो जाता है।

गिनी-गुणांक की एक विशेषता यह भी है कि इसमें अशिक्षित अवनतोदर सामुदायिक क्षेम फलन निहित नहीं होती। यहाँ यह ध्यान देने की बात है कि क्षेम-फलन तो (–) G ही होगी, क्योंकि G के मान में वृद्धि का अर्थ होगा विषमता की वृद्धि अर्थात् क्षेम का ह्रास। अतः हमारा अभिप्राय यही है कि (–) G फलन अशिथिल रूप से अवनतोदर नहीं है। यह बात (2.8.3) से ही स्पष्ट हो जाती है। G तो आय स्तरों की रेखीय फलन (Linear function) ही है। इस विशेषता को लेकर कुछ आपत्तियाँ उठाई गयी हैं। पर यह स्पष्ट नहीं होता कि ये आपत्तियाँ कितनी गम्भीर हैं। अन्तर्निहित सामुदायिक क्षेमफलन भले ही अशिथिल रूप से अवनतोदर नहीं है पर उसमें अवनतोदरता का लक्षण तो है ही। इसके अतिरिक्त गिनी-गुणांक में अमीर से ग़रीब या ग़रीब से अमीर को हुए अन्तरणों का भी पूरा-पूरा हिसाब (उनकी दिशा सहित) लग जाता है। वस्तुतः लघुगणक मानक विचलन में इस गुण का भी अभाव कहीं अधिक गम्भीर त्रुटि मानी जानी चाहिए।

थाएल का उत्क्रम माप

थाएल (Theil) ने सूचना शास्त्र की उत्क्रम मापन (Entropy Measure) की संकल्पना के आधार पर एक विषमता मापक सुझाया है। इसकी रचना भी बहुत आकर्षक प्रतीत होती है। इसके निहित ध्येय हमारे अभी तक चर्चित मापकों से बहुत भिन्न हैं। इस मापक के आधारभूत सिद्धान्त की रचना कुछ इस प्रकार है—यदि किसी घटनाक्रम के घटित होने की प्रायिकता (Probability) या सम्भावना x हो तो उस घटनाक्रम के वास्तव में घटित होने से प्राप्त होने वाली जानकारी $h(x)$ का

मान x के आकार की वृद्धि के साथ-साथ कम होता रहता है। दूसरे शब्दों में, $h(x)$ को हम (x) की ह्रास मान फलन कह सकते हैं। इस विचार का भावार्थ क्या होगा ? किसी बात के होने की सम्भावना जितनी कम आंकी जाती है, उसके हो जाने की जानकारी उतनी ही अधिक महत्त्वपूर्ण मानी जा सकती है।

इस प्रकार की विशेषता से सम्पन्न एक सूत्र तो x के प्रतिलोम का लघुगणक ही है :

$$h(x) = log \frac{1}{x} \tag{2.10}$$

यदि 'x' प्रकार की घटनाओं (1, 2,...4) के हो सकने की प्रायिकताएँ x_1 ......x_4 हों तथा $x_i > 0$ एवं $2^n x_i = 1 \ \ i = 1$ हों तो फिर उत्क्रममाप अथवा इस सम्पूर्ण अवस्था में सन्निहित जानकारी को प्रत्येक घटना एवं उसकी प्रायिकता के गुणनफलों के योग द्वारा दर्शाया जा सकता है। अतः

$$H(x) = \Sigma_{i=1}^{n} x_i h(x_i)$$

$$= \Sigma_{i=1}^{n} x_i \log \left(\frac{1}{x_i} \right) \tag{2.11}$$

यह बात तो स्पष्ट ही है कि n प्रायिकताएँ xi अपने आकार में जितनी भी $1/n$ के जितनी निकट होंगी, उत्क्रम माप का मान भी उतना ही अधिक होगा। तापगतिकी (Thermodynamics) में अव्यवस्था का मापन ही उत्क्रम माप कहा गया है। उस शास्त्र का द्वितीय नियम यह चेतावनी देता है कि अव्यवस्था में वृद्धि की प्रवृत्ति सदैव निहित रहती है। यदि हम xi को किसी व्यक्ति i का आय अंश मान लें तो $H(x)$ का स्वरूप समता जैसा प्रतीत होगा। जब $xi = 1/n$ तो $H(x)$ का मान अधिकतम होगा। वह मान है $log\, n$। यदि किसी आय वितरण के व्युत्क्रमान $H(x)$ को हम उसके अधिकतम सम्भावित मान $log\, n$ में से घटा दें तो यह निश्चित रूप से विषमता का सूचक होगा।

यही थाएल का मापक है।

$$T = log\, n - H(x)$$

$$= \Sigma_{i=1}^{n} x_i \log nx_i \tag{2.12}$$

तापगतिकी में उत्क्रम माप का सम्बन्ध विनाश से होता है इसीलिए उत्क्रम माप को एक शुभ लक्षण विचार के रूप में स्वीकार करने में कुछ समय अवश्य लगेगा।

उत्क्रम माप बढ़ने पर हर्ष की अभिव्यक्ति का दिन अभी दूर ही है। पर एक बात तो स्पष्ट ही हो जाती है कि थाएल के इस विलक्षण मापक में बहुत-सी खूबियाँ भी हैं। एक अमीर से किसी गरीब को आय का अन्तरण T के मान को कम कर देता है अर्थात् पीगू-डाल्टन की शर्त को पूरा करता है। इसका किसी भी समूह के लिए सहज ही संचयन या योग किया जा सकता है। फिर भी इस बात को झुठलाया नहीं जा सकता कि यह एक विचित्र-सा सूत्र है। आय अंशों द्वारा भारित आय अंशों के प्रतिलोमों के लघुगणकों की औसत पर किसी प्रकार की सहज समझ में आने वाली बात का आरोप लगाना बहुत ही कठिन लगता है। पर यह बात अपने-आप में कम महत्त्वपूर्ण नहीं है कि प्राकृतिक विज्ञानों में प्रयुक्त उत्क्रम मापन के सूत्र को विचित्र होते हुए भी, इतने अच्छे तरीके से विषमता मापन में प्रयोग किया जा सकता है। वैसे भी यदि किसी कारण से व्यक्तियों की क्षेमफलन $x_i \log\left(\frac{1}{x_i}\right)$ के समानुपाती बन जाएं तो थाएल का मापक उपयोगितावादी विचारतन्त्र में भी बहुत सटीक स्वरूप धारण कर सकता है। किन्तु मुझे वैयक्तिक क्षेमफलनों को इस प्रकार का स्वरूप प्रदान करने का कोई भी कारण नहीं दिखाई देता।

आय के औसत स्तर में परिवर्तन का प्रभाव

प्रसारण को छोड़ सभी मापकों की एक विशेषता साँझी है कि यदि सभी व्यक्तियों की आय एक ही अनुपात में बढ़ा दी जाए तो ये मापक अविचल रहते हैं, इनके मान में कोई बदलाव नहीं आता। यह बात सापेक्ष औसत विचलन, प्रसरण गुणांक, लघु गणकों के मानक विचलन, सापेक्ष औसत अन्तर, गिनी-गुणांक एवं थाएल के उत्क्रम मापक, सभी पर लागू होती है। पर क्या यह विशेष गुण हमें स्वीकार्य है ? क्या लोगों के सामान्यतः ग़रीब अथवा अमीर होने का हमारे विषमता सम्बन्धी चिन्तन पर कोई प्रभाव नहीं पड़ेगा ? कुछ चिन्तकों का मत है कि समाज की सम्पन्नता के साथ-साथ विषमता बोध में संवृद्धि होती है क्योंकि एक सम्पन्न समाज ही विषमता संचेतना जैसी बातों का 'ख़र्च' उठा पाता है। दूसरा मत यह है कि समाज जितनी ख़स्ता हालत में होता है, विषमता के परिणाम उतने ही अधिक डरावने हो सकते हैं। अतः निम्न आय स्तर पर विषमता मापक की धार और तेज़ होनी ही चाहिए।

यह मुद्दा अपने-आप में बहुत जटिल है। इस पर वस्तुपरक एवं आदर्शमूलक विचारों की चारों ओर से जकड़न भी रहती है। ग़रीब अर्थव्यवस्था में विषमता मापक की तेज़ धार की बात को हम ग़रीब अर्थव्यवस्था में किसी भी विषमता मापक को अधिक महत्त्व प्रदान करने के मत के साथ भी जोड़ सकते हैं। जहाँ पहली बात

उस विषमता मापक के अपने महत्त्व से जुड़ी है वहाँ दूसरा मत तो पृथक्-पृथक् आय स्तरों पर मापन की अलग-अलग विधियों के सापेक्ष महत्त्व तक ही सीमित रह जाती है। वैसे इस बात से कोई मूलभूत प्रकृति का अन्तर नहीं पड़ता कि हम मापक की तीखी धार का सहारा ले रहे हैं या मापनों का मूल्यांकन कर रहे हैं। मतलब तो मापन होने से है, पर यह किस तरह से हो रहा है इस विषय में सटीक जानकारी होना अनिवार्य रहता है।

डाल्टन का मापक

आइए, अब वस्तुपरक मापकों की दुनिया से निकलकर आदर्शमूलक मापकों की व्याख्या पर आते हैं। डाल्टन ने अपनी एक अत्यन्त सारगर्भित रचना में आग्रह किया है कि विषमता के किसी भी मापन का आर्थिक क्षेम से सम्बन्ध होने पर ही वह मापन उपयुक्त अथवा प्रासांगिक बन पाता है। उन्होंने जिस मापन का चयन किया था, वह उपयोगितावादी साँचे में ही ढला हुआ है। उसमें उपयोगिता के वास्तविक स्तर की उस सम्भावित स्तर से तुलना की गई है जो आय के समान बँटवारे की स्थिति में समाज को सुलभ हो पाती। उन्होंने एक अशिक्षित अवनतोदर उपयोगिता फलन का प्रयोग किया है। अर्थात् आय की सीमान्त उपयोगिता ह्रास मान मानी है और सभी व्यक्तियों के लिए एक जैसी ही उपयोगिता फलन के प्रयोग का आग्रह भी किया है। इसी कारण से समग्र क्षेम को अधिकतम करने के लिए आय का समान बँटवारा अनिवार्य हो जाता है। डाल्टन ने वास्तविक सामाजिक अनुपात को समता का माप माना—(सभी की उपयोगिताएँ धनात्मक रखते हुए)। अतः

$$D = [\sum_{i=1}^{n} U(y_i)]/nU(\mu) \qquad (2.13)$$

एटकिन्सन का कहना है कि यह मापक उपयोगिता फलन के धनात्मक रेखीय प्रत्यावर्तनों से अप्रभावित नहीं रह पाता। गणनावाची उपयोगिता में तो किन्हीं उपयोगिता अंकों के स्थान पर उनके किसी भी धनात्मक रेखीय प्रत्यावर्तन का प्रयोग सम्भव है जबकि डाल्टन का मापक प्रयुक्त प्रत्यावर्तन विशेष को ध्यान में रख मनमाने ढंग से कुछ मूल्यों का चयन कर लेता है। मैं बिना किसी हिचकिचाहट के यह स्वीकार करता हूँ कि मुझे इस तर्क में कुछ खास दम नज़र नहीं आता। इसका कारण यही है कि धनात्मक रेखीय प्रत्यावर्तनों से डाल्टन के मापक द्वारा निर्धारित क्रमिकता पर कोई प्रभाव नहीं पड़ता और इन मापकों में इनकी क्रमिकता ही विशेष गुण होती है। फिर भी, इस मापक को इस प्रकार भी ढाला जा सकता है कि मापन में प्रयुक्त अंक क्षेम अंकों के 'ग्राह्य' प्रत्यावर्तनों के बाद भी अविचल रहें। एटकिन्सन ने अपने विश्लेषण में यही कार्य किया है।

एटकिन्सन का मापक

एटकिन्सन ने दिये हुए समग्र आय के आबंटन के लिए एक 'सम आबंटित समतुल्य आय' (The Equally Distributed Equivalent Income) की संकल्पना की रचना की है। वे उस प्रति व्यक्ति आय का आकलन करते है जिसका उपभोग करते हुए समाज के सदस्य सामूहिक रूप से उतने ही समग्र क्षेम स्तर को प्राप्त कर सकेंगे जिस पर यह समाज वर्तमान आय एवं उसके वास्तविक वितरण के आधार पर होते हैं। हम *ye* द्वारा इस 'सम आबंटित समतुल्य आय' को दिखा रहे हैं :

$$Y_e = y \mid [nU(y) = \Sigma_{i=1}^{n} U(y_i)] \qquad (2.14)$$

अर्थात् वास्तविक क्षेम स्तरों का योगफल उस क्षेम योग के समान होगा जिसे समाज उस अवस्था में पा सकेगा जबकि प्रत्येक व्यक्ति की आय *ye* के समान हो। प्रत्येक $U(y)$ एक अवनतोदर फलन है अर्थात् आय की सीमान्त उपयोगिता में वृद्धि नहीं हो रही। अतः *ye* का आकार समाज की औसत आय μ से अधिक नहीं हो सकता। यह भी सिद्ध किया जा सकता है कि आय के वितरण में जितनी अधिक समता होगी, *ye* भी μ के उतना ही अधिक निकट हो जाएगा। एटकिन्सन का विषमता मापी इस प्रकार है।

$$A = 1 - (y_e/\mu) \qquad (2.15)$$

यदि समाज में आय का वितरण समान रूप से किया गया हो तो *ye* और μ समान होंगे। इस दशा में $A = 0$ होगा। अन्य किसी भी आय आबंटन के लिए A का मान शून्य एवं एक के बीच होगा।

पिछले अध्याय में चर्चित समस्याओं से जुड़ी कुछ कठिनाइयाँ एटकिन्सन के विषमता मापक को झेलनी पड़ती है। सबसे पहले हम एक साधारण-सी समस्या की ओर ध्यान दिला रहे हैं। एटकिन्सन उपयोगिता अथवा क्षेम फलन $U(y)$ की अवनतोदरता चाहते हैं पर उनका अशिथिल अवनतोदरता पर कोई आग्रह नहीं है। दूसरे शब्दों में, वे चाहते हैं कि $U' \geq 0$ तथा $U'' \leq 0$। आइए, अब दो व्यक्तियों के बीच एक निश्चित आय के दो अलग-अलग वितरणों पर विचार करें। एक वितरण (0, 10) तथा दूसरा (5, 5) है। यदि $U(y)$ फलन का इस प्रकार चयन किया जाए कि यह y से समानुपाती हो तो दोनों ही वितरणों के लिए एटकिन्सन के मापक का मान एक समान होगा। किन्तु दोनों वितरणों को एक जैसी विषमता से पूर्ण कह पाना तो सहज सम्भव नहीं है।

यहाँ हमारा दो समस्याओं से एक साथ वास्ता पड़ रहा है। एक तो केवल आदर्शमूल संरचना पर आधारित होने के कारण विषमता मापक विषमता के शब्द

से जुड़े सामान्य व्याख्यात्मक अथवा विवरणात्मक स्वरूप को खो बैठा है। अब तो विषमता क्षेम फलन की रचना पर निर्भर रह गयी है। हमारी मान्यताओं के अन्तर्गत दोनों वितरणों में समग्र क्षेम का स्तर समान रहता है, अतः उनमें विषमता का स्तर भी समान ही होना चाहिए। किन्तु सामान्यतः तो हम विषमता का कुछ और ही अर्थ मानते हैं। उस अर्थ के अनुसार तो (5, 5) का वितरण समतापूर्ण है और (0, 10) के वितरण में विषमता की पराकाष्ठा ही होगी।

दूसरी समस्या का कारण उपयोगितावादी चिन्तन धारा का प्रयोग है। समग्र सामाजिक क्षेम का आकलन प्रत्येक व्यक्ति के U मान को सीधे से जोड़ कर किया गया है। यदि पिछले अध्याय में सुझाई विधि के अनुसार सामाजिक क्षेमफलन को अशिथिल अवनतोदर बनाया गया होता तो (0, 10) वितरण की विषमता माप (5, 5) की तुलना में निश्चित रूप से अधिक रहता।

यह ठीक है कि एटकिन्सन ने अपने $U(y)$ को उपयोगिता फलन नहीं कहने की सतर्कता बरती है। सम्भवतः हम इसे वैयक्तिक उपयोगिताओं के किसी अशिथिल अवनतोदर प्रत्यावर्तन का रूप दे सकते हैं अर्थात् हम मान सकते हैं कि प्रत्येक व्यक्ति से जुड़ा सामाजिक क्षेत्र फलन का अंश अपने-आप में व्यक्तिगत उपयोगिताओं का अशिथिल अवनतोदर फलन है। उसके बाद तो बस $U(y)$ फलन को ही अशिथिल अवनतोदर कहना बाकी रह जाता है।

योजीय पृथकता सूक्तियाँ

यद्यपि उपर्युक्त विधि से हम अशिक्षित अवनतोदरता की व्यवस्था करने में तो सफल हो जाते हैं पर सामाजिक क्षेम को केवल व्यक्तिगत क्षेम स्तरों का योग मानना भी कुछ 'संकुचित' सा विचार प्रतीत होता है। वास्तव में उपयोगिता में दो अलग-अलग मुद्दों पर चर्चा होती रही है। एक तो व्यक्तियों की उपयोगिताओं को जोड़ने की बात है, दूसरी उपयोगिता फलन में योजीय पृथकता की विशेषता का प्रश्न है। पहले मुद्दे से दूसरे का भी मान होता है पर दूसरे प्रश्न से समाधान से पहले का हल हो जाना आवश्यक नहीं होता। यदि हम U को व्यक्तिगत उपयोगिताओं के स्तर की अशिथिल अवनतोदर फलन मान लेते हैं तो फिर हम उपयोगितावाद के साधारण योगफल के नियम से बच निकलते हैं, किन्तु अभी भी हम योजीय पृथक्कता के विचार से बन्धे हुए ही रहते हैं। सामाजिक क्षेम के घटक अंशों को हम अन्य व्यक्तियों के क्षेम से स्वतन्त्र मान कर ही उनका विवेचन करते रहते हैं और अलग-अलग व्यक्तियों से जुड़े इन क्षेमफलन अंशों को जोड़कर सामाजिक क्षेम के स्तर का आकलन किया जाता है।

आय वितरण के विवेचन के सन्दर्भ में कई प्रकार से योजीय पृथक्कता की सूक्तियों की रचना हो सकती है। हामदा (Hamada) (1973) ने इसी चिन्तन का

एक स्वरूप अपने शोध पत्र में प्रस्तुत किया है। इसमें इन्होंने जोखिम की परिस्थिति में व्यवहार से सादृश्य स्थापित करने का प्रयास किया है। यद्यपि हामदा का प्रतिमान बहुत ही जटिल है, पर उसका बहुत ही ध्यान से विश्लेषण करना उचित ही रहेगा, क्योंकि, उनके सूक्ति समुच्चय में योजीय पृथकता की अनिवार्यता बहुत ही स्पष्ट रूप से उभर कर सामने आती है।

इस सुविधा के लिए मान लेते हैं कि आय सदा पूर्ण अंकों में ही रहती है तथा उसके स्तरों को 1, ..., m अंकों द्वारा दिखाया जा सकता है। यहाँ m उच्चतम आय का परिचायक भी होगा। मान लो कि i स्तर की आय पाने वाला जनसंख्या अनुपात (प्रतिशत) r_i द्वारा दिखाया जा सकता है। यहाँ $i = 1, ..., m$। अतः किसी भी आय वितरण को $(r_1 ...., r_n)$ द्वारा दिखा सकते हैं। इसे हम सदिश r का नाम दे सकते हैं। हामदा ने इस आय वितरण को सदिश कहा है, पर यह तो हमारे इस सन्दर्भ में आय नहीं बल्कि जनसंख्या के प्रतिशत का वितरण है। अतः भ्रम से बचने के लिए मैं r को हामदा-सदिश का नाम दे रहा हूँ। इसके घटकों का योग एक के समान ही होगा, $\Sigma_i r_i = 1$। आइए अब दो हामदा सदिशों r तथा s पर विचार करें। दोनों को ही हम दो-दो सदिशों में बाँट लेते हैं : r^1 तथा r^2 तथा s^1 एवं s^2। अतः $r^1 + r^2 = r$ तथा $s^1 + s^2 = s$। हम यह भी मान लेते हैं कि $\Sigma r^{1_i} = \Sigma s^{1_i}$, इसीलिए $\Sigma_i r^{2_i} = \Sigma_i s^{2_i}$। अब r^1 तथा s^1 सदिशों को किन्हीं उपयुक्त अंकों से गुणा कर दीजिए कि परिणाम स्वरूप प्राप्त सदिश r^1 तथा s^1 दोनों ही हामदा सदिश बन जाएँ। $\Sigma_i r^{1_i} = \Sigma_i s^{1_i} = 1$ इसी प्रकार r^2 तथा s^2 से भी हामदा सदिश r^2 और s^2 प्राप्त कर लीजिए। अब यहाँ हामदा की दूसरी मान्यता यहाँ अत्यन्त ही महत्त्वपूर्ण सूक्ति बन जाती है। इस मान्यता के अनुसार यदि r^1 कम से कम s^1 जितना ही अच्छा अवश्य है और r^2 कम-से-कम s^2 जितना अच्छा अवश्य है तो हमें r को कम-से-कम s जितना ही अच्छा अवश्य मानना पड़ेगा। यही नहीं, अगर r^1 को हम s^1 से अशिथिल रूप से बेहतर मानते हों तथा r^2 को कम-से-कम s^2 जितना अच्छा अवश्य मानते हों तो भी हमें r को s से बेहतर ही मानना होगा।

क्या आय के वितरण के सम्बन्ध में यह सूक्ति सहज स्वीकार्य हो सकती है ? आइए, दो हामदा सदिशों (0, 100, 0, 0) तथा (50, 0, 0 50) पर विचार करें। हम प्रथम सदिश को r^1 कर रहे हैं इसमें प्रत्येक व्यक्ति की आय 2 है अतः इसमें सम्पूर्ण समता विद्यमान है। दूसरे, सदिश को हम s^1 कहते हैं। इसमें समाज दो वर्गों में बँटा है। पहले वर्ग को सम्पन्न वर्ग कह सकते हैं, इसके प्रत्येक सदस्य की आय 4 है। दूसरे, अर्थात् विपन्न वर्ग के प्रत्येक सदस्य की आय 1 ही है। यद्यपि दूसरे सदिश, अर्थात् s^1 में समग्र आय का स्तर r^1 की अपेक्षा काफी ऊँचा है, फिर भी समता का दम भरने वाला अध्येता सहज ही r^1 में परिलक्षित सम्पूर्ण समता से

अभीभूत होकर यह घोषणा कर बैठेगा कि r^1 निश्चित रूप से s^1 से बेहतर है। आइए, अब इस अध्येता को कुछ और चयन की सुविधा प्रदान करें। उसे हम (39, 22, 0 39) तथा (40, 20, 0 40) के दो सदिश r तथा s भी उपलब्ध करा देते हैं। अब तो वह समता का परिदृश्य पूरी तरह लुप्त हो जाता है। अब हमारा अध्येता शायद ही r को s से बेहतर बता सकें। अभी भी r में समता अधिक है पर s में समग्र आय कुछ अधिक रहती है। बस s से r की ओर जाते हुए हमने एक व्यक्ति को पहले एवं चौथे आर्य वर्ग से निकालकर दूसरे में रख दिया है। फिर भी प्रथम एवं अन्तिम वर्ग में 39-39 लोग तो रहते ही हैं। अब हमारे अध्येता जी r से इतने अभीभूत नहीं हो पाते कि वे r को s से बेहतर घोषित कर पायें। पर यहाँ उनका हामदा से सीधे टकराव हो जायेगा। आइए, r को (0, 2, 0, 0) तथा (39, 20, 0, 39) के दो सदिशों, r^1 एवं r^2 में बाँट दे। इसी प्रकार s को हम (1,0, 01) तथा (39, 20, 0, 39) में बाँटकर s^1 एव s^2 के नाम दे देते हैं। जब हम इन्हें हामदा सदिशों के रूप में संस्थितिकृत (Normalise) करते हैं तो हमें क्रमशः r^1 और s^1 से क्रमशः r^1 और s^2 प्राप्त हो जाते हैं। हम यह भी जानते हैं कि अध्येता महाशय को s^1 की अपेक्षा r^1 बेहतर लगता है। उसे s^2 तथा r^2 में समभाव की अनुभूति होती है क्योंकि ये दोनों तो एक समान ही हैं। अतः हामदा के विश्लेषण के आधार पर तो उसे r को s से बेहतर मानना चाहिए, पर वह ऐसा नहीं कर पाता। हमारे अध्येता को इस प्रकार की योजीय पृथकता के कारण कुछ कठिनाई अनुभव होने लगती है, क्योंकि वह आय के वितरण को पारस्परिक निर्भरता के दृष्टिकोण से देखने लगता है।

अतः हम कह सकते हैं कि यदि व्यक्तियों के क्षेम का सामाजिक मूल्यांकन केवल उनके अपने ही नहीं वरन् अन्य सभी लोगों के क्षेम (आय) स्तरों पर भी निर्भर करता हो तो फिर प्रत्येक व्यक्ति के क्षेम अंश की अन्यों के क्षेम अंशों से स्वतन्त्रता की मान्यता की बलि ही चढ़ानी होगी अर्थात् वह मान्यता त्यागनी पड़ेगी। इसके लिए हमें सामाजिक क्षेमफलनों के एक अपेक्षाकृत कम संकुचित वर्ग का प्रयोग करना होगा। हामदा का सूक्ति तन्त्र इस 'स्वतन्त्रता' के गुण को बहुत ही स्पष्ट स्वरूप प्रदान कर देता है। यही नहीं ये सूक्तियाँ योजीय पृथकता के लिए अनिवार्य भी हैं और पर्याप्त भी। इसी से इनके कारण पैदा होने वाली कठिनाइयाँ भी बहुत व्यापक हो जाती हैं।

एक वैकल्पिक मापक

मान लो कि सामाजिक क्षेम व्यक्तियों की आय के स्तरों का एक वृद्धिमान फलन है अर्थात्, यदि व्यक्तियों की आय के स्तरों में सुधार होता है तो सामाजिक क्षेम का स्तर भी ऊपर उठ जाता है। इसका स्वरूप इस प्रकार है :

$$W = W(y_1 \ldots\ldots] y_n)$$

अब हम एक अधिक व्यापक आदर्शमूलक विषमता मापक की रचना इस प्रकार कर सकते हैं : y को हम 'व्यापक सम आबंटित समतुल्य आय' (Generalised Equally Distributed Equivalent Income) का नाम दे रहे हैं। इसे हम प्रति व्यक्ति आय का वह स्तर मानते हैं, जो यदि सभी के लिए समान रूप से उपलब्ध हो तो सामाजिक क्षेम के जिस स्तर W की रचना होगी वह वास्तविक आय वितरण द्वारा सृजित क्षेम स्तर W के समान ही होगा।

$$y_f = y \mid [W(y_1 \ldots y) = W(y_1 \ldots y_n) \qquad (2.16)$$

यदि हम W को सम्मिलित (Symmetric) एवं अर्द्धअवनतोदर भी मान लें तो प्रत्येक आय वितरण के लिए Y_f का स्तर μ से कम या हद-से-हद इसके समान ही होगा (अधिक कदापि नहीं)। इस अधिक व्यापक स्वरूप में W को व्यक्तियों के उपयोगिता स्तरों का फलन नहीं बनना पड़ता। अर्थात् उसके स्वरूप को व्यक्ति निष्ठता में नहीं बन्धना पड़ता।

इस अधिक व्यापक विधि के अनुरूप विषमता मापक की रचना इस प्रकार होगी :

$$N = 1 - \left(\frac{y_f}{\mu}\right) \qquad (2.17)$$

यह तो सहज ही स्पष्ट है कि यदि क्षेम फलन का स्वरूप उपयोगितावादी हो, अर्थात् यदि $W = \sum_{i=1}^{n} U(yi)$ तो फिर (2.15) द्वारा निरूपित A तथा (2.17) के मापक N में कोई अन्तर नहीं रहता।

वस्तुपरक एवं आदर्शमूलक मापक

यदि हम N जैसे किसी व्यापक स्वरूपीय सूत्र का प्रयोग करें तो हमें सामाजिक क्षेमफलन के स्वरूप विशेष के चयन में बहुत अधिक स्वतन्त्रता की अनुभूति हो सकती है। विषमता के क्षेम प्रभावों के मूल्यांकन के लिए हम उन मान्यताओं का चयन कर सकते हैं जिन्हें हम उपयुक्त समझते हों। N के किसी भी प्रयोग के लिए W की संरचना तो स्पष्ट करनी ही होगी। यद्यपि N योजीय पृथकता की समस्या से तो बच निकलता है, पर यह भी डाल्टन एवं एटकिन्सन के मापकों की भांति ही एक आदर्शमूलक (Normative) मापक है। पर आपको ध्यान होगा, मैंने पिछले अध्याय में भी कहा था, विषमता मापकों में ऐसे वस्तुपरक तत्व होते हैं जिन्हें क्षेम के चित्रण से दूर नहीं रखा जा सकता। यदि हम सामाजिक क्षेम के आकलन के

विषय में कुछ विशेष मान्यताओं को जोड़ दें तो जिन वस्तुपरक मापकों पर हमने चर्चा की है, वे भी किसी-न-किसी रूप में आदर्शमूलक हो जाएँगे। उदाहरण के लिए थाएल का उत्क्रम मापक (यदि x_i को i वे व्यक्ति का आय अंश और $x_i \log (\frac{1}{x_i})$ को उसका क्षेम स्तर मान लें) तो एकदम उपयोगितावादी सामाजिक क्षेम फलन का रूप धारण कर लेता है। यह क्षेमफलन बहुत ही विलक्षण-सा लगता है। क्षेम-फलनों की विशेष रचनाओं के आधार पर इसी तरह अन्य मापकों को भी आदर्शमूलक रंग से रंगा जा सकता है। मेरा इन सभी मापकों का आदर्शमूलक कायाकल्प करने का कोई इरादा नहीं है। वैसे भी हम V, C, H तथा G के कुछ क्षेम आयामों का विश्लेषण इसी अध्याय में कर ही चुके हैं। इन सभी मापकों को एक जैसे विश्लेषण तन्त्र में ढालकर इनकी आदर्शमूलक मान्यताओं के आधार पर मूल्यांकन करने में कोई विशेष कार्यविधि से जुड़ी कठिनाई नहीं पैदा होती। पर वस्तुपरक मापकों के साथ ऐसा व्यवहार उचित नहीं होगा—उन मापकों की रचना के अन्तर्निहित ध्येय बहुत ही दूसरे किस्म के रहे हैं।

मापनशीलता एवं तुलनीयता की मान्यताएँ

अधिक व्यापक स्वरूप वाले मापक N आदि के प्रयोग का तार्किक आधार यही है कि यह योजीय पृथकतापूर्ण व्यक्तिनिष्ठ सामुदायिक क्षेमफलनों के संकीर्ण विचारतन्त्र से मुक्त होते हैं। इस संकीर्ण विचारतन्त्र का सबसे बड़ा उदाहरण उपयोगितावादी क्षेमफलन है, और उपयोगितावाद के चलते न केवल N तथा A एक-दूसरे के समान हो जाते हैं बल्कि D द्वारा भी उन्हीं के समान क्रमिकताओं का निर्धारण होता है। इस कारण से आय के वितरणों की आदर्शमूलक समीक्षा में उपयोगितावाद के महत्त्व एवं प्रासांगिकता की ही स्थापना होती है। अध्याय-1 में उपयोगितावाद के गुणों की चर्चा करते समय मैंने गणनावाची मापन एवं वैयक्तिक क्षेम स्तरों की पूर्ण तुलनीयता की मान्यताएँ निश्चित की थीं। आइए, अब यह जानने का प्रयास करें कि क्या किन्हीं अन्य प्रकार की मापनशीलता एवं तुलनीयता की मान्यताओं के आधार पर उपयोगितावाद का पृष्ठपोषण हो सकता है ?

वैयक्तिक क्षेमफलनों पर सामाजिक फलन की अशिथिल अवनतोदरता की अनिवार्यता सहित उपयोगितावाद में समता के प्रतिपूर्ण उदासीनता की पहले अध्याय में ही हमने विस्तृत व्याख्या की थी। हमने क्षीण समता सूक्ति को समता के प्रति सचेत होने की कसौटी का रूप दिया है। अन्य कसौटियाँ भी सुझाई जा सकती हैं। पर ये सभी अनिवार्यताएँ ही नहीं वास्तव में तो समता का विचार भी क्षेम स्तरों में अन्तरों की तुलना के साथ-साथ स्तरों के मापन पर भी ध्यान देने का आग्रह करते हैं। यदि हम ऐसा विश्लेषण तन्त्र बना सकें जिसमें व्यक्तियों के क्षेम के परम

स्तरों की नहीं केवल उनमें हुए सुधार और ह्रास की ही तुलना संभव हो सके तो बिना *WEA* या अन्य समताकारी संकल्पनाओं का सहारा लिए ही उपयोगिता विधि का प्रयोग सम्भव हो सकता है। इसका कारण यही है कि उपयोगिता सूत्र के अनुसार x को सामाजिक दृष्टि से y से तभी बेहतर घोषित किया जाता है जबकि सभी व्यक्तियों के x तथा y में क्षेम अन्तरों का योगफल धनात्मक रहे और इन अन्तरों के निर्धारण में उपयोगिता फलन के उद्गम अथवा मूल का कोई महत्त्व नहीं हो। दूसरे शब्दों में, यदि किसी व्यक्ति के उपयोगिता स्तर में किसी विशेष स्थिरांक को जोड़ा जाए, और दूसरे के उपयोगिता स्तर में नहीं, तो भी उपयोगितावादी चयन नियम पर कोई प्रभाव नहीं पड़ना चाहिए। किन्तु इसका व्यक्तियों के क्षेम स्तरों की क्रमिकताओं पर तो अवश्य प्रभाव पड़ेगा। इस तरह से क्षीण समता सूक्ति एवं अन्य समताकारी अनिवार्यताएँ अव्यवहार्य हो जाती हैं।

W_U = कोई उपयोगितावादी सामूहिक क्षेमफलन
W_E = कोई समताकारी सामूहिक क्षेमफलन (जो *WEA* का अनुपालन करती हो)।

हम W_U द्वारा किसी भी उपयोगितावादी सामुदायिक क्षेमफलन को दिखा रहे हैं। इसी प्रकार समतावादी सामुदायिक क्षेमफलन (जो क्षीण समता सूक्ति या किसी अन्य समता कसौटी पर खरी उतरती हो) को W_E द्वारा दर्शा रहे हैं। तालिका 2.1 में विभिन्न मापनशीलता एवं तुलनीयता मान्यताओं के प्रभावों का संकलन किया गया है।

यदि हम वैयक्तिक क्षेम को क्रमवाची मानते हैं तो उपयोगितावाद के प्रयोग की कोई सम्भावना नहीं बचती, हाँ, अगर क्रम आधारित वैयक्तिक तुलनाएं सम्भव

तालिका 2.1

तुलनीयता / मापनशीलता	अ-मापनशीलता	इकाईयां तुलनीय हैं	केवल स्तर तुलनीय है	इकाईयां एवं स्तर दोनों तुलनीय हैं
क्रमवाची	W_U एवं W_E दोनों अव्यवहार्य होंगें।	X	W_E व्यवहार्य W_U नहीं	X
गणनावाची	W_U एवं W_E दोनों अव्यवहार्य हैं	W_U व्यवहार्य W_E नहीं	W_E व्यवहार्य W_U नहीं	W_U एवं W_E दोनों ही व्यवहार्य हैं

हों तो फिर *WEA* जैसी समताकारी अनिवार्यताओं का प्रयोग अवश्य सम्भव हो सकता है। दूसरी ओर, यदि हम वैयक्तिक क्षेम को गणनावाची मान लें और यह कहें कि केवल क्षेम अन्तरों की तुलना मान्य होगी, स्तरों की नहीं, तो फिर उपयोगितावाद का प्रयोग हो सकता है। इस दशा में *WEA* जैसी समताकारी अनिवार्यताओं का व्यवहार सम्भव नहीं होगा।

वास्तविक टकराव तो तब पैदा होता है जब स्तर एवं अन्तर दोनों ही तुलनीय हों और पूर्ण तुलनीयतापूर्ण गणनावाचिता की मान्यता उपयोगितावाद को *WEA* एवं अन्य समता के प्रति सचेत नियमों के विरुद्ध खड़ा कर देती है। यहाँ दोनों ही विधियाँ व्यवहार्थ हो सकती हैं पर इनके निष्कर्षों या परिणामों का परस्पर मेल खाना आवश्यक नहीं होता। पिछल अध्याय में हमने इस सन्दर्भ में अनेक प्रकार के तर्कों का विवेचन किया था–यहाँ उन्हें दोहराना आवश्यक नहीं है। मुझे तो यही साफ़ दिख रहा है कि समता के प्रति सजगता उपयोगितावादी विश्लेषण के प्रयोग से बचने का ही निर्देश देती है।

विषमता विवेचन और तुलनीयता

अतः उपयोगितावाद का बचाव करने के लिए सबसे अच्छी युक्ति यही हो सकती है कि उपयोगिता के स्तरों नहीं केवल अन्तरों को ही तुलनीय मान लिया जाए। इस सन्दर्भ में पिछले अध्याय में उपयोगिता की वैयक्तिक तुलनाओं की जो व्याख्या की गई थी, उसे ध्यान में रखना जरूरी होगा। वहाँ हमने कहा था कि $U_i(x) > U_j(y)$ कहने का अर्थ होगा कि हम x अवस्था में व्यक्ति i होना पसन्द करेंगे न कि y अवस्था में व्यक्ति j। आय के आबंटन की समस्याओं के आदर्शमूलक चिन्तन में इस प्रकार की 'यदि तो' तुलनाएँ अवश्य निहित रहती हैं। इस प्रकार की तुलनाएँ व्यक्तिवादी (Subjective) होती हैं पर फिर भी मेरा आग्रह है कि समता की समस्याओं को सटीक स्वरूप में समझने की यह एक बहुत ही प्रासांगिक विधि हो सकती है। अपने-आप को किसी अन्य कि अवस्था में रख कर देखने में उसी व्यक्ति की अभिरुचियों एवं मानसिकता को धारण करना भी सम्मिलित रहता है। इस कारण से यह 'प्रयोग' या प्रयास बहुत ही जटिल हो जाता है। किन्तु मानवीय कुशलक्षेम से जुड़े सामाजिक चयन के वैयक्तिक आयामों को समझने के प्रयास में अक्सर हम इस प्रकार की तुलनाएँ करने को बाध्य हो जाते हैं, चाहे यह तुलना हम प्रत्यक्ष रूप से करने के स्थान पर निहित अथवा परोक्ष रूप से ही करें। प्रत्यक्षतः तुलना करने में व्यक्ति इस विषय में अपने जीवन मूल्यों को और अधिक स्पष्ट एवं स्थूल रूप भी प्रदान कर सकता है। विभिन्न व्यक्तियों एवं समूहों के बीच हित टकराव की दशा में आदर्शमूलक सिफारिशों के ये महत्त्वपूर्ण अंग होते हैं। हम (x, i) जैसे तत्त्वों (अर्थात् व्यक्ति i का अवस्था x में होना) आदि तत्त्वों के बीच R क्रमिकता

पर विचार करते हुए हम क्षेम की वैयक्तिक तुलनाओं को इस क्रमिकता की अंकीय छवि (अर्थात् Numerical reflections) मान सकते हैं। जैसे हमने अध्याय-1 में कहा था–

$$U_i(x) \geq U_i(y) \text{ तभी मान्य होगी जबकि } (x, i)\ R\ (y, j) \qquad (2.18)$$

यदि हम समस्या को इस प्रकार निबद्ध करें तो यह बात भी स्पष्ट हो जाएगी कि स्तर की तुलना तो अन्तरों की तुलना से भी पहले करनी पड़ती है। वस्तुतः उपयोगिता फलन को पहले R क्रमिकता के आधार पर परिभाषित करना होगा। उससे तो तत्काल ही स्तरों की तुलनीयता से वास्ता पड़ जाता है। और यदि इसके साथ ही स्वतन्त्रता जैसी अन्य विशेषताएँ पूरी होने पर तो ये अन्तर विभिन्न व्यक्तियों के बीच प्रयोज्जय गणनावाची पैमाने के आधार पर भी तुलनीय हो जाएँगे। अतः स्तरों नहीं केवल अन्तरों को तुलनीय बनाकर उपयोगितावाद का बचाव कर पाना भी सम्भव नहीं होगा।

3.

विषमता : एक अपूर्ण अथवा अर्द्धक्रमिकता के रूप में

कहा जा सकता है कि किसी सीमा तक पिछले अध्याय में चर्चित विषमता मापकों की समस्याओं के लिए उनकी सम्पूर्ण मापक होने की विशेषता ही उत्तरदायी है। इस सम्पूर्णता का अर्थ है कि ये सभी मापक वितरणों के प्रत्येक युग्म की तुलना करने पर आग्रह करते हैं। यदि x तथा y को हम दो अलग-अलग वितरण मानें तो ये दोनों दो आय सदिश होंगे। उल्लिखित मापकों के अनुसार या तो x में y की अपेक्षा अधिक विषमता होगी, या फिर y में x की अपेक्षा, अथवा दोनों में विषमता का स्तर समान भी हो सकता है। ऐसी किसी सम्भावना को स्वीकार नहीं किया जाता जहाँ x तथा y परस्पर तुलनीय नहीं हों। इन सभी मापकों के अनुसार हम प्रत्येक x वितरण के लिए एक विषमता सूचक अंक $I(x)$ का निर्धारण कर सकते हैं। हमने अनेक प्रकार से $I(x)$ के निर्धारण करने के सूत्र प्रस्तुत किये हैं। यह सूत्र वस्तुसूचक मापक, जैसे, प्रसरण गुणांक, लघुगणक विचलन, गिनी-गुणांक या फिर क्षेम ह्रास मापक $(1-D)$, A अथवा N (जहाँ उपयुक्त क्षेमफलन का निर्धारण पहले ही कर दिया हो) हो सकते हैं। इन सभी सूत्रों से x, y, z आदि द्वारा निर्दिष्ट आबंटनों के अनुरूप विषमता अंकों, $I(x), I(y), I(z)$ आदि का निर्धारण हो जाता है। हम जानते ही हैं कि किन्हीं भी दो अंकों की आपस में तुलना हो सकती है। इसीलिए या तो $I(x) > I(y)$ या $I(x) < I(y)$ अथवा फिर $I(x) = I(y)$, इस प्रकार हमारे तुलनात्मक विषमता चित्रण में कोई रिक्त स्थान नहीं बचता।

किन्तु इस विधि में एक अन्तर्निहित त्रुटि भी है। विषमता के विचार में तो किसी प्रकार की सम्पूर्णता की बात नहीं आती। यह ठीक है कि आप अपनी मर्ज़ी से विषमता की परिभाषा बना सकते हैं और जब तक आप कुछ दुराव-छिपाव नहीं करते, आप यह भी समझ सकते हैं कि आपके विचार की आलोचना नहीं हो सकती। किन्तु 'विषमता' शब्द की आकर्षण शक्ति का आधार तो उस अर्थ से ही बँधा है

जो सामान्यतः विषमता शब्द से जुड़ा हुआ रहता है। इसलिए हम इसकी मनमानी परिभाषा बना पाने को इतने स्वतन्त्र भी नहीं रहते। हाँ, विषमता के अनेक आयाम हो सकते हैं। वे आयाम अलग-अलग बातों या मुद्दों से जुड़े हो सकते हैं। इसी कारण कई बार विषमता की समग्र सूचक क्रमिकता की रचना नहीं हो पाती। किन्तु हमारे सभी मानक मापक समग्र सूचक क्रमिकता शृंखला बनाने में जुट जाते हैं। इसी कारण इनमें कहीं-न-कहीं एक आंशिक क्रमिकता को खींचतान द्वारा सम्पूर्ण करने का दोष भी आ ही जाता है। अतः कहा जा सकता है कि ये सभी मापक एक मूलतः आंशिक क्रमिकता को सम्पूर्ण क्रमिकता द्वारा अभिव्यक्त करने के अनावश्यक अथवा दुराग्रहपूर्ण प्रयास के कारण ही अनेक प्रकार के अटपटे निष्कर्षों तक पहुँच जाते हैं।

लॉरेन्ज़ आंशिक क्रमिकता एवं एटकिन्सन के निष्कर्ष

लारेन्ज़ वक्र विश्लेषण में ऐसा कोई आग्रह नहीं होता कि एक आबंटन पूरी तरह दूसरे आबंटन के भीतर (या बाहर) ही हो। चित्र 3.1 पर ध्यान दें। x तथा y द्वारा निर्दिष्ट वक्र पूरी तरह से z वक्र के भीतर ही है। पर x तथा y वक्र एक-दूसरे को काटते हैं। इस कारण लॉरेन्ज़ वक्र क्रमिकता (Lorenz Curve Ranking) के अनुसार यह नहीं कहा जा सकता कि x में विषमता अधिक है अथवा y में। यदि

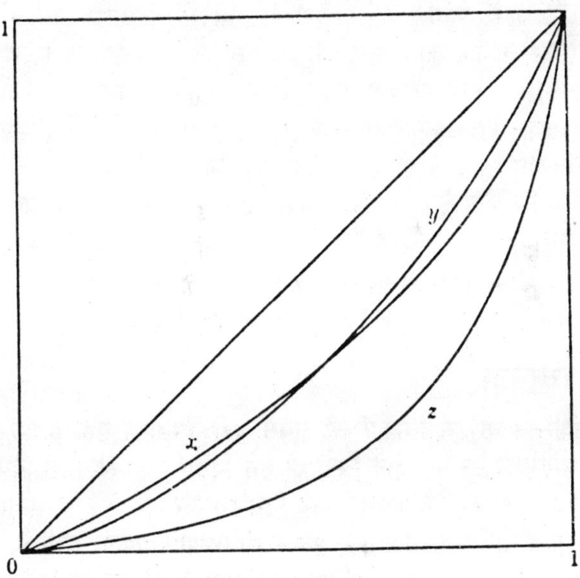

चित्र 3.1

L को हम पूरी तरह अन्तर्वर्ती होने का सम्बन्ध मानें तो हम कह सकते हैं कि *xLz* तथा *yLz* पर न तो *xLy* और न ही *yLx* है। यहाँ *xLz* के होने का अर्थ यही है कि *x* वक्र का कोई भी बिन्दु *z* वक्र से बाहर नहीं होता और इसका कुछ-न-कुछ हिस्सा *z* के भीतरी क्षेत्र में अवश्य होता है।

क्या लॉरेन्ज़ वक्र क्रमिकता सचमुच आंशिकता सहित विषमता की संकल्पना के सत्त्व को दर्शा सकता है ? किसी सीमा तक तो यह बात सत्य प्रतीत होती है। अब मैं *L* क्रमिकता का और आगे विश्लेषण करूँगा। बाद में हम यह भी दर्शायेंगे कि इस क्रमिकता में भी विषमता की संकल्पना के कुछ आवश्यक लक्षण अछूते रह जाते हैं।

एटकिन्सन (Atkinson) ने लॉरेन्ज़ वक्र क्रमिकता को लेकर एक बहुत महत्त्वपूर्ण प्रमेय का प्रतिपादन किया है। इसमें उन्होंने आदर्शमूलक विधि का ही अनुसरण किया है। मान लो कि सामाजिक क्षेम वैयक्तिक *U* फलनों का योग ही है और ये *U* फलन आय *yi* का अशिथिल अवनतोदर फलन है। दूसरे शब्दों में, आय की सीमान्त उपयोगिता सदैव ह्रासमान रहती है। अतः

$$W(y) = \sum_{i=1}^{n} U(y_i) \qquad (3.1)$$

मान लो कि वितरण *x* का लॉरेन्ज़ वक्र पूरी तरह से *y* की वक्र के भीतर (अन्तर्वर्ती) रहता है, अर्थात् *xLy*। दोनों ही वितरणों में समग्र आय का स्तर एक समान है। फिर तो यह जाने बिना कि कौन-से विशेष स्वरूप वाले *U* फलनों का प्रयोग हुआ है, हम सीधे ही बता सकते हैं कि *W(x)* का स्तर *W(y)* से ऊँचा है। यहाँ *W(x)* तथा *W(y)* क्रमशः *x* तथा *y* से जुड़े क्षेम स्तर ही हैं। यही नहीं, इस कथन का विलोम भी सत्य होगा। अर्थात् यदि हम कहते हैं कि $W(x) > W(y)$ तो यह जाने बिना कि कौन से *U* फलन का प्रयोग हुआ है (बस, उसे अशिथिल अवनतोदर होना चाहिए) हम कह सकते हैं कि यह *xLy* है। अतः *xLy* का अभिप्राय है कि $W(x) > W(y)$, चाहे जिस अवनतोदर *U* फलन का प्रयोग हुआ हो और यदि सभी अशिथिल अवनतोदर फलनों के लिए $W(x) > W(y)$ हैं तो फिर *xLy* सत्य होगा।

अयोजीय संरचना

एटकिन्सन के इस निष्कर्ष की सबसे बड़ी उपलब्धि यही है कि उपयोगिता फलन के स्वरूप-विशेष को जाने बिना ही हम विभिन्न आबंटनों के विषमता स्तरों का सामाजिक क्षेम स्तरों के अनुसार क्रम निर्धारण कर पाते हैं। पर सामाजिक क्षेम-फलन की रचना योजीय (Additive) प्रकार की उपयोगितावादी रहती है, अतः शंका होती है कि यह निष्कर्ष कहीं संकुचित दायरे तक ही तो सीमित नहीं रह जाएंगे। इस सन्देह का आधार यही है कि वैयक्तिक उपयोगिताओं को जोड़ना अपने-आप

में बहुत विद्रूप-सा लगता है। यही नहीं, इससे कहीं अधिक सरलतापूर्ण मार्ग जिसमें योजीय पृथकता को पर्याप्त मान लिया जाता है, वह भी कम संकीर्ण नहीं है। हमने पिछले दो अध्यायों में इस बारे में चर्चा भी की है।

यदि सामाजिक क्षेमफलनों के वर्ग में अयोजीय फलनों को भी शामिल कर उस वर्ग का विस्तार या संवर्धन करें तो क्या परिणाम होगा ? आइए, एक ऐसा प्रयास कर देंखे। हम मान लेते हैं कि *W* व्यक्तिगत क्षेम स्तरों का समरूप एवं अवनतोदर फलन है। हाँ, व्यक्तियों के क्षेमफलन अवश्य उनकी अपनी आय के अशिथिल अवनतोदर फलन होते हैं।

अतः $W = G\ (U(y_1), \ldots\ U(y_n)$ (3.2)

अब कहा जा सकता है कि एटकिन्सन के निष्कर्ष इस दशा पर भी लागू हो सकते हैं। आख़िर यदि उपयोगिताओं के योग की अवस्था में *xLy* का अर्थ $W(x) > W(y)$ होता है तो यहाँ तो हम समरूपता बनाए रखते हुए *W* को व्यक्तिगत क्षेमफलनों का अवनतोदर फलन ही बना रहे हैं। अतः इस प्रवृत्ति को और अधिक बल प्राप्त होना चाहिए अर्थात् *W(x)* को *W(y)* से अधिक बनाने वाली प्रक्रिया और सशक्त होनी चाहिए। सामाजिक क्षेमफलन का व्यक्तियों के क्षेम स्तर का अवनतोदर फलन होना व्यक्तिगत क्षेमफलनों के समताकारी रुझान को और बल प्रदान करता है। अतः यह प्रतीत होता है कि एटकिन्सन के निष्कर्ष को सामाजिक क्षेमफलनों के कहीं अधिक व्यापक वर्ग पर मान्य किया जा सकता है। इस प्रकार उसका योजीय फलन तो इस व्यापक वर्ग का एक उदाहरण विशेष ही हो जाता है।

ग़ैर-व्यक्तिनिष्ठ क्षेमफलन

एक अन्य दृष्टि से भी एटकिन्सन से कहीं व्यापक स्वरूप में इस समस्या पर विचार करना उपयोगी रहेगा। यह भी सम्भव है कि हम सामाजिक क्षेम फलन का स्वरूप ग़ैर-व्यक्तिनिष्ठ (Non-individualistic) बना दें, अर्थात् उसे व्यक्तियों की क्षेम उपयोगिता पर आश्रित ही नहीं रखें। हम व्यक्तियों की उपयोगिताओं का सहारा लिए बिना ही सामाजिक क्षेम को आय के वितरण पर आधारित बना सकते हैं। इस परिवर्तन के भेद पर हम अध्याय-1 में भी चर्चा कर चुके हैं। इस तरह से परिभाषित सामाजिक क्षेमफलन की रचना कुछ इस प्रकार होगी :

$$W = F\ (y_1 \ldots y_n) \qquad (3.3)$$

यह तो स्पष्ट ही है कि वैयक्तिक उपयोगिता फलन *U* पर आधारित व्यक्ति निष्ठ स्वरूप में *G* द्वारा निर्दिष्ट सामाजिक क्षेमफलन इस फलन *F* का एक विशेष स्वरूप ही होगा। दूसरे शब्दों में, *F* जैसे किसी फलन का प्रयोग करते समय भी

हम चाहें तो वैयक्तिक उपयोगिताओं की मध्यस्थता का सहारा ले सकते हैं पर यह अनिवार्य नहीं है।

अधिक व्यापक फलन F को बेहतर मानने के कम-से-कम दो कारण आवश्यक हैं। एक तो वितरण विवेचन करने वाला राजनेता, अध्येता या आयोजक कई बार व्यक्ति की वरीयताओं को नज़रअन्दाज़ करने को बाध्य हो सकता है। यद्यपि इस प्रकार की चिन्तनधारा में कहीं-न-कहीं 'कृपावाद' (Paternalistic) गन्ध आती है पर नीति निर्धारण से जुड़ी चर्चाओं में अक्सर यह बात उठती ही है। इस तर्क को कभी व्यक्तियों की 'अतर्कशीलता' तो कभी उनकी 'अदूरदर्शिता' आदि बातों के सहारे ठीक ठहराया जाता है। इस सम्भावना को हम कितना प्रबल मानते हैं, यह प्रश्न अभी और विचार-विमर्श के लिए खुला ही है। दूसरे, कई बार यह भी सम्भव हो सकता है कि आवंटन सम्वन्धी विवेचनकर्ता के पास व्यक्तियों के उपयोगिता फलनों के विषय में पूरी जानकारी ही न हो। अतः चाह कर भी वह वैयक्तिक उपयोगिताओं के माध्यम से विश्लेषण नहीं कर पाता। यहाँ F जैसे फलन का प्रयोग इसलिए भी अनिवार्य हो जाता है कि G जैसा मध्यस्थ व्यवहार्य नहीं रहता।

मैं इस बहस में नहीं पड़ना चाहता कि ये तर्क किस हद तक किसी को सन्तुष्ट कर सकते हैं। हमारे ध्येय की दृष्टि से तो यह प्रश्न हमारे लिए विशेष महत्त्व नहीं रखता क्योंकि G के स्थान पर F जैसे किसी फलन के प्रयोग से हमारी कोई हानि नहीं होती। आखिर G तो F का एक विशेष उदाहरण मात्र ही है। इसीलिए आगे के सारे विश्लेषण में मैं अधिक विस्तृत स्वरूप F का ही प्रयोग करूँगा।

अवनतोदरता में ढील देना

एटकिन्सन की संरचना के संवर्धन का तीसरा आयाम क्षेमफलन की अवनतोदरता (Concavity) पर लगे प्रतिबन्ध से जुड़ा है। आपको ध्यान होगा कि एटकिन्सन ने व्यक्तिगत उपयोगिता फलनों को अशिथिल अवनतोदरता से सम्पन्न मान कर उनके योग द्वारा सामाजिक क्षेमफलन की रचना की थी। उसमें सभी व्यक्तिगत U फलन एक समान भी माने गए थे। इस प्रकार यदि हम एटकिन्सन के फलन को सामाजिक क्षेमफलन F में परिवर्तित करें तो F का स्वरूप भी अशिथिल अवनतोदरता से सम्पन्न हो जाएगा। वैसे आबंटन विवेचन को समताकारी बनाने के लिए तो अशिथिल अर्द्ध-अवनतोदरता ही पर्याप्त रहती।

वैसे तो अवनतोदरता और अर्द्ध-अवनतोदरता में एक छोटा-सा तकनीकी अन्तर ही है पर उस पर विचार करना उपयुक्त ही होगा। एक अवनतोदर क्षेमफलन E का अर्थ होगा कि x तथा y दो आय आबंटनों के सामाजिक क्षेम स्तरों की भारित औसत उन दोनों आबंटनों के क्षेम स्तरों की भारित औसत से या तो कम होगी अथवा उसके समान ही हो जाएगी (पर उससे अधिक कभी नहीं होगी) यदि दोनों

हों बार एक जैसे भारों का ही प्रयोग किया जाए।

$$t\,F(x) + (1 - t)\,F(y) < F(tx + (1-t)y) \qquad (3.4)$$

किसी भी ऐसी t के लिए जहाँ $0 < t < 1$ दूसरी ओर अर्द्ध-अवनतोदरता के लिए यही आवश्यक होगा कि x तथा y के सामाजिक क्षेम स्तरों में से कम वाला स्तर ही उन वितरणों की भारित औसत के सामाजिक क्षेम स्तर के समान या उससे कम होगा। अर्थात्–

$$Min\,[F(x), F(y)] < F(t\,x + (1-t)Y)$$

किसी भी ऐसी t के लिए जहाँ $0 < t < 1$ (3.5)

यदि हम अशिथिल अर्द्ध अवनतोदरता पाने के इच्छुक हों तो हमें शिथिल असाम्य $\leq$ के स्थान पर $\leq$ का प्रयोग करना होगा। अर्थात् भारित औसत का क्षेम स्तर x तथा y के क्षेम स्तरों में से न्यूनतम से अवश्य अधिक होना चाहिए।

मूलतः अशिथिल, अर्द्ध-अवनतोदरता का आशय केवल इतना ही है कि सामाजिक समभाव वक्र (दो से अधिक व्यक्तियों के सन्दर्भ में सामाजिक समभाव पृष्ठ–Social indifference surface) ऊपर की ओर से तश्तरियों की भाँति दबा हुआ होना चाहिए। चित्र 3.2 समझाता है कि यह बात तो परिभाषा में ही निहित रहती है। इस चित्र के दोनों पक्ष दो व्यक्तियों के आय स्तरों y_1 तथा y_2 को दर्शाते हैं। x तथा y बिन्दु एक ही समभाव वक्र पर अवस्थित होने के कारण क्षेम के समान स्तर को दर्शाते हैं। अतः दोनों में से न्यून क्षेम स्तर उन दोनों बिन्दुओं (x, y) में से किसी से भी जुड़ा हुआ हो सकता है। हम मान लेते हैं कि z दोनों आबंटनों x एवं y का भारित योग है। अशिथिल अर्द्ध-अवनतोदरता का आग्रह है कि z का सामाजिक क्षेमफलन x या y का क्षेमफलन से अधिक हो। दूसरे शब्दों में, बिन्दु z से गुजरने वाला समभाव वक्र x तथा y से गुजरने वाले वक्र से ऊपर रहे। यह तभी सुनिश्चित होगा जबकि सामाजिक क्षेमफलन ऊपर से दबा हुआ हो। अशिथिल अर्द्ध-अवनतोदरता का अभिप्राय यही होगा कि यदि हम एक व्यक्ति की आय अन्य व्यक्तियों की आय स्थिर रखकर निरन्तर बढ़ते चले जाएँ तो इस व्यक्ति की आय का सामाजिक क्षेम के निर्धारण में महत्त्व कम होता चला जाएगा। यह एक महत्त्वपूर्ण समताकारी लक्षण या विशेषता है। हमें सामाजिक क्षेमफलन को समता के प्रति चेतनता प्रदान करने के लिए केवल इसी गुण की आवश्यकता होती है।

एक व्यापक निष्कर्ष

सामाजिक क्षेमफलन F को व्यक्तियों की आय पर परिभाषित किया गया है।

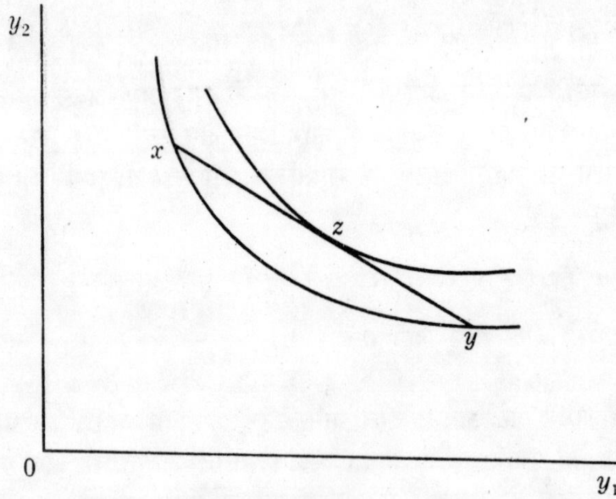

चित्र 3.2

इसमें व्यक्तियों की उपयोगिताओं के प्रयोग की आवश्यकता नहीं है, उपयोगितावादी योजीयता भी जरूरी नहीं है, यहाँ तक कि अशिथिल अवनतोदरता भी अनिवार्य नहीं है। बस F तो एक ऐसा फलन है जिसमें केवल सममित एवं अशिथिल अर्द्ध अवनतोदरता की विशेषताएँ है। फिर F के विषय में यह प्रमेय सत्य सिद्ध होती है :

प्रमेय 3.1

F एक सममित एवं अशिथिल अर्द्ध-अवनतोदर फलन है। अगर x, y दो अलग-अलग आय आबंटन हों जिनमें कुल आय का स्तर समान रहता है तो फिर yLx का अभिप्राय होगा $F(y) > F(x)$, और अगर yLx सत्य नहीं हो तो फिर किसी भी F के लिए $F(y) \leq F(x)$ होगा।

इस प्रमेय का प्रमाण तो विसाम्यों[1] से जुड़े जाने माने निष्कर्षों पर ही आधारित है। इसकी रूपरेखा बहुत जटिल नहीं है। आइए, इस पर विचार करें।

दोनों सदिशों x तथा y पर विचार करें। आइए इनके तत्वों को वृद्धिमान क्रम में पुनः क्रमवार करे लें। इस प्रकार $x_1 \leq ... \leq x_n$, तथा $y_1 \leq ... \leq y_n$

इनके सम्बन्ध में ये शर्तें परस्पर समतुल्य पायी जाती हैं।

(1) $\sum_{i=1}^{n} x_i = \sum_{i=1}^{n} y_i$ और प्रत्येक $K \leq n$, के लिए $\sum_{i=1}^{k} x_i \leq \sum_{i=1}^{k} y_i$ यहाँ बस एक $k < n$ ही ऐसा होना पर्याप्त होगा जिसके लिए

$$\sum_{i=1}^{k} x_i < \sum_{i=1}^{k} y_i \qquad (3.6)$$

(2) x को क्रियाओं के एक अशून्यक निश्चित अनुक्रम द्वारा हम y में परिवर्तित कर सकते हैं। उन क्रियाओं का स्वरूप इस प्रकार होगा।

$$x_i^{\alpha+1} = x_i^{\alpha} + e^{\alpha} \le x_j^{\alpha},$$
$$x_j^{\alpha+1} = x_j^{\alpha} - e^{\alpha} \ge x_j^{\alpha},$$

अगर $i < j$ और $e^{\alpha} > o$ तथा $x_k^{\alpha+1} = x_k^{\alpha}$, यदि $k \neq i, j$ (3.7)

(3) किसी भी अवनतोदर वास्तविक मानधारी फलन U के लिए

$$\sum_{i=1}^{n} U(x_i) < \sum_{i=1}^{n} U(y_i) \qquad (3.8)$$

(4) यदि y न तो x के समान हो और न ही x का कोई क्रमचय (Permutation) हो तो एक ऐसा द्वि-यादृच्छिक (Bistochastic) आव्यूह (Matrix) Q अवश्य विद्यमान होगा कि $y = Qx$ (3.9)

विसाम्यों के सिद्धान्तों के ये परिणाम प्रमेय 3.1 तथा लॉरेन्ज़ आंशिक क्रमिकताओं को समझने में बहुत ही उपयोगी रहते हैं। पहली शर्त का तो सीधा सा अर्थ यही है कि y का लॉरेन्ज वक्र पूरी तरह से x के लॉरेन्ज़ वक्र के अन्तर्वर्ती रहता है। लॉरेन्ज़ वक्र का आकलन हम न्यूनतम m प्रतिशत को प्राप्त आय के अंश से प्रारम्भ करते हैं। यहाँ दोनों ही मामलों में समग्र आय का स्तर समान ही है। अतः विषमता का अर्थ होगा कि x में जनसंख्या के न्यूनतम m शताश को y की तुलना में कम आय अंश प्राप्त होता है। वैकल्पिक रूप में यह भी कह सकते हैं कि प्रत्येक न्यूनतम m शतांश जनसंख्या का x दशा में आय में हिस्सा y दशा में प्राप्य हिस्से से अधिक नहीं हो पाता।

लॉरेन्ज़ वक्र क्रमिकता की यह शर्त हमारी उपर्युक्त शर्त (2) के समतुल्य है। हम देख सकते हैं कि निश्चित कदमों में अमीरों से गरीबों को आय का अन्तरण करते हुए हम दशा x को y में बदल सकते हैं। यह कार्य व्यक्तियों के बीच क्रमचय करने के बाद किया जाता है क्योंकि x में i वें व्यक्ति का क्रम y में भी *(i)* होना आवश्यक नहीं होता। अर्द्ध-अवनतोदर एवं सममित सामाजिक क्षेमफलन के प्रयोग के कारण अमीरों से गरीबों के आय अन्तरणों के क्रम से y के सामाजिक क्षेम का x से अधिक हो जाना बिल्कुल आश्चर्यजनक नहीं होना चाहिए।

---

1. बीजगणित में साम्य अथवा समीकरण *Equations* को तथा विसाम्य *Inequalities* को कहते हैं। विसाम्य अर्थात् वह सम्बन्ध जिसके दोनों पक्ष बराबर न हों–*Non empty finite sequence of operations.*

शर्त (3) तो हमें पुनः एटकिन्सन के विचार तन्त्र में ही पहुँचा देती है। इसका अभिप्राय है कि यदि y का लॉरेन्ज़ वक्र x के वक्र से ऊँचा है तो प्रत्येक व्यक्ति के लिए समान अशिथिल अवनतोदर उपयोगिता फलनों U पर आधारित योजीय सामाजिक क्षेमफलन से y दशा में x की अपेक्षा अधिक समग्र सामाजिक क्षेम प्राप्त होगा। यही नहीं, शर्त (3) शर्त (1) का निहित अर्थ है और शर्त (1) इसका निहित अर्थ बन जाती है। जहाँ शर्त (1) अमान्य होगी वहाँ शर्त (3) भी मान्य नहीं हो पाती। अतः प्रमेय 3.1 को सत्य होना ही है। अर्थात् यदि $y < x$ सत्य नहीं है तो फिर किसी अशिथिल अवनतोदर फलन U के लिए $\Sigma_i U(y_i) \leq \Sigma_i U(x_i)$ एटकिन्सन की यह प्रस्तुति वास्तव में अधिक व्यापक अशिथिल अर्द्ध-अवनतोदरतापूर्ण सममित फलन F का एक उदाहरण विशेष ही है। अतः स्पष्ट है कि यदि yLx सत्य नहीं है तो फिर किसी स्वीकार्य F के लिए $F(y) < F(x)$। अब प्रमेय के केवल पहले भाग को प्रमाणित करना शेष रहता है।

केवल शर्त (4) में ही कुछ तकनीकी तत्त्व भरे हैं। एक द्वियादृच्छिक आव्यूह वर्गीय आव्यूह ही होता है। इसके सभी तत्व ग़ैर-ऋणात्मक (Non-negative) होते हैं एवं प्रत्येक पंक्ति और प्रत्येक स्तम्भ के तत्वों के योग 1 के समान होते हैं। सदिश x तो द्वियादृच्छिक आव्यूह Q से गुणा करने पर सदिश y में परिवर्तित हो जाता है। y के तत्वों का योग भी x के तत्वों के योग के समान ही होता है। इस द्वियादृच्छिक आव्यूह का ही एक विशेष उदाहरण क्रमचय आव्यूह है जिसमें किसी सदिश के तत्वों को पुनः क्रमित कर दिया जाता है। यह तो आव्यूह गणित के ज्ञाता जानते ही हैं कि कोई भी U-क्रमीय द्वियादृच्छिक आव्यूह n क्रम के क्रमचयी आव्यूहों के समुच्चय का उन्नतोदर संयोजन ही होता है। यदि P^s द्वारा कोई क्रमचयी आव्यूह दिखाया जाए तो हम इस प्रकार के आव्यूहों के समुच्चय से Q को इस प्रकार प्राप्त कर सकते हैं।

$$Q = \Sigma_s a_s P^s, \Sigma_s a_s = 1 \text{ और प्रत्येक } a_s > 0 \tag{3.10}$$

अतः y वस्तुतः प्रत्येक x के लिए x के क्रमचयों के उन्नतोदर आच्छादन (Convex hull) के भीतर ही रहता है। पर y इस उन्नतोदर आच्छादन का चरम बिन्दु (Extreme point) नहीं होता। अतः y को x के क्रमचयों के समुच्चय के उन्नतोदर संयोजन द्वारा अभिव्यक्त किया जा सकता है। ये सभी क्रमचय परस्पर समभाव रखते हैं क्योंकि हमारी सममितता की विशेषता का यही निर्देश होता है। अतः फिर तो किसी भी सममितता का अनुपालन करने वाला अर्द्ध-अवनतोदर फलन F के लिए

$$F(y) > F(x) \text{ सत्य ही होगा।} \tag{3.11}$$

सहज ज्ञानाश्रित व्याख्या

अन्तिम उल्लिखित निष्कर्ष का भाव है कि यदि y का लॉरेन्ज़ वक्र x से ऊँचा है तो इसका सामाजिक क्षेम स्तर भी x से ऊँचा होगा। यह बात सभी अशिथिल

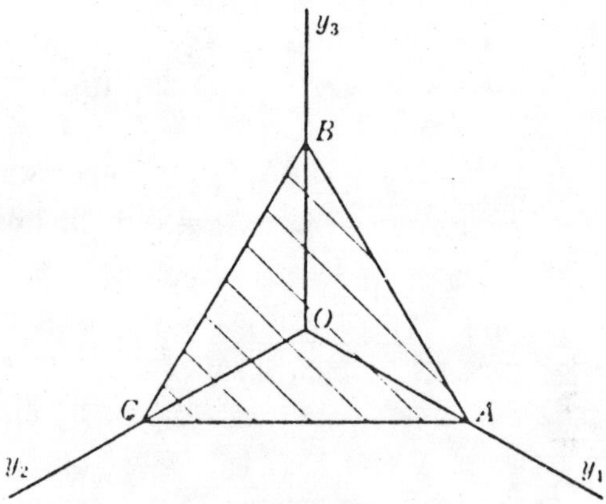

चित्र 3.3

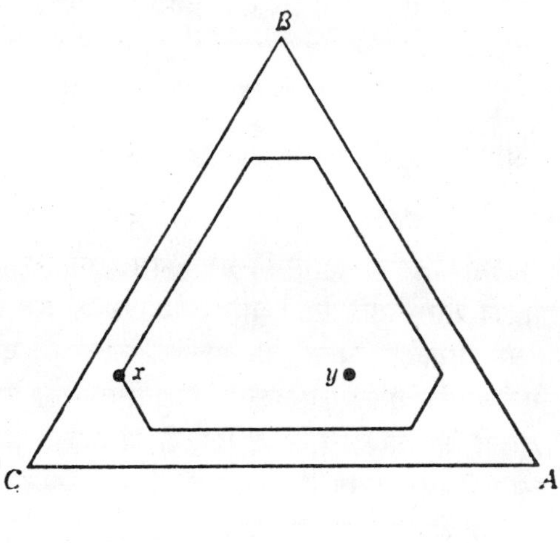

चित्र 3.4

अर्द्ध-अवनतोदर सममित सामाजिक क्षेम-फलनों पर लागू होगी। प्रमाण का अन्तिम अंश, जो काफी तकनीकी है, तीन व्यक्तियों के मामले में सहज ज्ञान के आधार पर बड़ी सरलता से समझा जा सकता है। चित्र 3.3 में तीन अक्षों पर तीन व्यक्तियों की आय दर्शायी गई है। इसे एक त्रियामी चित्र की दृष्टि से देखना ही उचित होगा। रेखांकित क्षेत्र *ABC* को इन तीन अक्षों के बीच फंस रहे किसी समतल का अंश माना जा सकता है। यह इस प्रकार तिरछा-सा होकर फंसा हुआ है कि इसके प्रत्येक बिन्दु के अक्षांकों (Coordinate) का योग 1 ही होता है, अर्थात् यह एक एकिक संवृत (Unit simplex) है।

आइए, अब इस त्रिभुजाकृति *ABC* को एक अलग चित्र 3.4 में पुनः रेखांकित कर लें। x द्वारा निर्दिष्ट आबंटन इस त्रिभुज में एक बिन्दु होगा। यहाँ समस्त वितरित आय 1 इकाई होती है [यह केवल इकाईयों के चयन की ही बात है, प्रत्येक व्यक्ति के आय अंश (कुल आय में प्रतिशत अंश) का अंकन करने पर सहज ही सभी की आयों का योगफल एक इकाई हो जाता है]। त्रिआयामी उदाहरण में x के आबंटन के वैयक्तिक क्रमचयों के अनुरूप 6 आय आबंटन बन सकते हैं, जिन्हें हम x बिन्दु से गुजरने वाले षड्भुज के 6 कोनों द्वारा दिखा सकते हैं। बिन्दु y इसी षड्भुज में अन्तर्वर्ती होगा। पर सममिति के गुण के कारण इन सभी क्रमचयों से प्राप्त सामाजिक क्षेम स्तर समान ही होंगे। अतः सहज ही यह जाना जा सकता है कि इस षड्भुज के अन्तर्वर्ती बिन्दु y का क्षेम स्तर x से ऊँचा होगा—क्योंकि y तो x के इन क्रमचयों का एक भारित योग अथवा उन्नतोदर संयोजन ही होता है और सामाजिक क्षेमफलन F अशिथिल अर्द्ध-अवनतोदर होता है। यही प्रमेय 3.1 का मुख्य सार-सत्त्व भी है। इसी से उच्च लॉरेन्ज़ वक्र और उच्च सामाजिक क्षेम स्तरों की समरूपता समझ में आती है, भले ही आय का स्तर समान होता है और सममित एवं अशिथिल अर्द्ध-अवनतोदर क्षेमफलन का स्वरूप विशेष कुछ भी हो।

परिवर्तनशील जनसंख्या

अनेक कारणों से प्रमेय 3.1 के निष्कर्षों की सर्वग्राह्यता पर सन्देह बना रहता है। इन सन्देहों का कारण यही है कि यह प्रमेय एक अत्यन्त संकुचित मान्यताओं वाले प्रतिमान पर आधारित है। समस्या का एक कारण तो यही है कि हम दोनों आबंटनों (x एवं y) में व्यक्तियों की संख्या एक समान (n) मान रहे हैं। हम चाहें दो देशों की तुलना करें अथवा एक ही देश के दो प्रान्तों या क्षेत्रों की, या फिर एक ही देश की दो अलग-अलग कालावधियों की—जनसंख्या का एक समान होना आश्चर्य की बात ही होगा। अतः इस आपत्ति का सामना करने के लिए प्रमेय 3.1 के निष्कर्षों का परिवर्तनशील जनसंख्या की स्थिति के लिए संवर्धन-परिमार्जन करना होगा। एक सामान्य-सी निरापद मान्यता को स्वीकार कर लेने से यह कार्य बहुत

ही सहज हो जाएगा।

आइए, (शुरू में) यह मान लें कि दो देशों की जनसंख्याएं एवं आय वितरण एक समान हैं। अतः उनके समग्र सामाजिक क्षेम स्तर एवं प्रति व्यक्ति क्षेम स्तर भी समान ही होंगे। अब उन दोनों देशों को एक साथ मिला कर देखें। अब हम सहज तर्क के आधार पर यही कहेंगे कि उनका प्रति व्यक्ति क्षेम स्तर पूर्ववत् ही रहेगा, क्योंकि अब दोगुना सामाजिक क्षेम दोगुना जनसंख्या में विभाजित हो रहा है या, दूसरे शब्दों में, अब हम उन्हें एक साथ रखकर विचार कर रहे हैं, अलग-अलग नहीं। इसी तर्क को सामान्यीकृत करते हुए हम एक सूक्ति की रचना कर सकते हैं, यह सूक्ति 'n' जनसंख्या वाले समाज के सामाजिक क्षेमफलन का निरूपण करती है।

$$W = F^n (y_1 \cdots y_n) \qquad (3.12)$$

जनसंख्या सममिति सूक्ति

यदि r एक पूर्णांक हो तथा $1 < i < n$, तो nr व्यक्तियों के बीच किसी वितरण x जैसे कि $(y1 \ldots y2)$ पर विचार करें। इसका स्वरूप होगा :

$$F^{nr}(x) = rF^n(y) \qquad (3.13)$$

इस सूक्ति का आग्रह मात्र यही है कि यदि r देशों में जनसंख्या तथा आय के वितरण एक समान हों तो इनका सामूहिक औसत क्षेम स्तर प्रत्येक घटक के औसत क्षेम स्तर के समान होगा। इसे हम एक निरापद-सी सूक्ति मान सकते हैं।

किन्तु इस सूक्ति को स्वीकार करते ही हम लॉरेन्ज़ वक्र के निष्कर्ष को परिवर्तनशील जनसंख्या वाली अवस्था पर भी मान्य कर सकते हैं।

प्रमेय 3.2

मान लो कि n^1 तथा n^2 आकार की दो जनसंख्याओं के आय के वितरण y^1 तथा y^2 हैं और y^1Ly^2। प्रत्येक F^n सममित एवं अशिथिल अर्द्ध-अवनतोदर है तथा SAP को पूरा करता है। अतः $F^{n1}/n^1 \leq (F^{n2}/n^2)$ सत्य होगा।

इस प्रमेय का प्रमाण बहुत कष्टसाध्य नहीं होगा। एक n^1n^2 जनसंख्या वाले देश की कल्पना करें। y^1 जैसा आय आबंटन वहाँ प्रचलित होगा, पर उसके प्रत्येक सदस्य की n^2 बार पुनरावृत्ति होगी, अर्थात् प्रत्येक y^1_i वाले n^2 व्यक्ति होंगे। अब एक-दूसरे n^1n^2 जनसंख्या के देश की कल्पना करें जिसमें y^2 प्रकार का आय वितरण हो और प्रत्येक y^2_i स्तर आय वाले n^1 व्यक्ति हों। इन कल्पित देश 1 तथा 2 की लॉरेन्ज वक्र y^1 तथा y^2 के समान ही होंगी। यदि y^1Ly^2 तो पहले देश का लॉरेन्ज़

वक्र दूसरे से ऊँचा होगा। दोनों ही देशों की जनसंख्या एवं उनकी समग्र आय का स्तर समान है किन्तु प्रमेय 3.1 के अनुसार पहले कल्पित देश का सामाजिक क्षेम स्तर दूसरे से ऊंचा होगा। हमें सममिति सूक्ति यही बताती है कि दोनों देशों के औसत क्षेम स्तर समान होने चाहिए। यही नहीं, पहले कल्पित देश का औसत क्षेम स्तर प्रथम वास्तविक देश के औसत क्षेम स्तर एवं दूसरे कल्पित का द्वितीय वास्तविक देश के स्तर के समान होना चाहिए। अतः पहले देश का औसत क्षेम स्तर दूसरे से ऊँचा होगा। यही हमारे प्रमेय का प्रथम भाग है। इसी प्रकार की रचना द्वारा प्रमेय 3.1 के प्रयोग से हम दूसरे भाग की भी पुष्टि कर सकते हैं।

औसत आय के परिवर्तन

हमारे उपर्युक्त परिमार्जन से लॉरेन्ज़ वक्र विश्लेषण में जनसंख्या के आकार के अन्तरों के कारण उठने वाली शंकाओं का समाधान तो हो जाता है किन्तु यदि औसत आय स्तर में अन्तर हो तो उसका इस विश्लेषण पर क्या प्रभाव होगा ? इस समस्या का समाधान भी इसके अनुरूप एक सूक्ति के माध्यम से हो सकता है। किन्तु मेरा अपना मत है कि जहाँ *SAP* एक निरापद एवं स्वीकार्य सूक्ति है, वहाँ आय के सम्बन्ध में सममिति का विचार सहज नहीं होगा, क्योंकि क्षेम स्तर का आय के आकार के प्रति सममित होना आवश्यक नहीं होगा। आय के वितरण से जुड़े विवेचन को आय के आकार से स्वतन्त्र रख पाने की सम्भावना तभी सारपूर्ण हो पाएगी जबकि इन वितरणों के क्षेम स्तरों की सापेक्ष क्रमिकता सभी व्यक्तियों की आय को किसी अंक से गुणा कर देने पर अप्रभावित रहती हो। पर हम यह मान्यता स्वीकार नहीं कर पायेंगे, क्योंकि सामाजिक क्षेम के विषय में हमारा विवेक पैमाने के परिवर्तन से स्वतन्त्र नहीं होता। अतः लॉरेन्ज़ वक्र को अलग-अलग औसत आय स्तरों पर लागू कर पाने की समस्या काफी गम्भीर लगती है। स्वाभाविक ही है कि इसके कारण इस विधि की उपदेयता बहुत सीमित रह जाती है—क्योंकि वास्तव में जिन देशों की आय के वितरण की विषमताओं की तुलना की जा रही हो उनके औसत आय स्तरों के समान होने की सम्भावना भी शून्यप्राय ही होती है।

व्यावहारिक दृष्टि से अर्थशास्त्र में अनेक बार कुछ समझौते करने पड़ जाते हैं। इसी प्रकार अलग-अलग औसत आय स्तरों वाले देशों की लॉरेन्ज़ वक्रों की तुलना भी करनी पड़ सकती है। किन्तु ऐसी सूरत में इस बात का ध्यान रखना आवश्यक है कि हम प्रमेय 3.1 तथा 3.2 के आधार पर इनके लॉरेन्ज़ वक्रों की तुलना से सामाजिक क्षेम स्तरों के विषय में कोई तर्कसंगत निष्कर्ष नहीं निकाल पायेंगे। वह निष्कर्ष तो आय की सममिति सूक्ति पर निर्भर होगा एवं उस सूक्ति को सहज भाव से स्वीकार कर पाना सम्भव नहीं होता।

ग़ैर-बाध्यताकारी विवेचन

यह प्रश्न आय के वितरणों की तुलना को ग़ैर-बाध्यताकारी विवेचन (Non-compulsive Judgements) मानने से जुड़ा है। ग़ैर-बाध्यताकारी विवेचन वह होता है जो किसी विशेष प्रकार के कार्य के किए जाने में विश्वास व्यक्त करता है एवं उसका प्रथम दृष्ट्या आधार भी बताता है। फिर भी यह ऐसी सिफारिश नहीं करता जिसका अनुपालन अनिवार्य हो। इसके विपक्ष में भी तर्क दिए जा सकते हैं। यदि किसी वितरण का लॉरेन्ज़ वक्र अपेक्षाकृत उच्चतर स्तर पर है तो यह अवश्य लगता है कि इससे जुड़ा क्षेम स्तर भी उच्चतर होगा। फिर भी इस बात के विरुद्ध तर्क दिए जा सकते हैं। उनमें औसत आय के अन्तर भी हो सकते हैं। पर जो व्यक्ति इस आधार पर लॉरेन्ज़ वक्र को अस्वीकार करता है, उससे यह तो पूछा ही जा सकता है कि वह औसत आय के अन्तरों के कारण क्षेम की दृष्टि से वितरणात्मक विवेचन पर किस प्रकार के प्रभाव पड़ने की अपेक्षा करता है ? यद्यपि लॉरेन्ज़ क्रमिकता अपने-आप में बाध्यताकारी नहीं है किन्तु इसे किन्हीं अन्य कारणों से नकारने पर इसकी त्रुटियों को स्पष्ट करने का दायित्व तो होना ही चाहिए।

लॉरेन्ज़ वक्र आख़िर क्या समझाता है ?

लॉरेन्ज़ वक्र विवेचन के पक्ष में एक तर्क यह हो सकता है कि इसकी आंशिक क्रमिकताएँ भी हमें बहुत कुछ समझा देती हैं। सबसे पहले तो हमारे समान आय एवं समान जनसंख्या वाले केस को ही लें। हमने देखा था कि उल्लिखित शर्तों (1) तथा (2) की समानता के परिणामस्वरूप (जबकि y लॉरेन्ज़ वक्र x से ऊँचा था) हम अमीरों से कुछ आय लेकर ग़रीबों में बाँटने से x वितरण को (उच्चतर लॉरेन्ज़ वक्र वाले) y वितरण में प्रत्यावर्तित कर सकते हैं। इस निष्कर्ष से बड़े स्पष्ट शब्दों में यह भी स्पष्ट होता है कि y के आबंटन में x की अपेक्षा अधिक समता है। क्षेम स्तर का ज़िक्र किये बिना भी यह बात स्पष्ट हो जाती है कि यह अमीरों से ग़रीबों की अन्तरण विषमता को कम करता है। अतः केवल विवरण की दृष्टि से भी उच्च लॉरेन्ज़ वक्र हमें विषमता की कमी का अभिज्ञान कराता है।

चित्र 3.4 में भी यही परिदृश्य उभरता है। इस चित्र में y पूरी तरह से सममित षड्भुज के भीतर है, जबकि x तो उसके घेरे पर ही अवस्थित है। यह भी एक विवरणात्मक कथन ही है। इसके कुछ क्षेम या आदर्शमूलक निहित अर्थ भी हो सकते हैं, फिर भी 'y वितरण x की अपेक्षा कम विषमतापूर्ण है'—यह बात विषमता के सामान्य प्रयोग वाले स्वरूप के अनुरूप ही एक यथार्थ को अभिव्यक्त करने वाला कथन भी है।

जनसंख्या में परिवर्तन होने पर भी यह गुण-विशेष लुप्त नहीं हो जाता। हम

सभी संरचनाओं को जनसंख्या के शतान्शों में अभिव्यक्त कर सकते हैं और फिर भी y में x से कम विषमता की बात उतनी ही अर्थपूर्ण रहती है और स्वीकार्य भी। केवल वस्तुपरकता की दृष्टि से तो यही बात परिवर्ती औसत आय के प्रतिमान पर भी लागू हो सकती है। हाँ, आदर्शमूलक दृष्टिकोण से इस सम्बन्ध में कुछ कठिनाई अवश्य आती है। चित्र 3.4 के त्रिभुज को ही लीजिए। इसमें समग्र आय का स्तर 1 इकाई है। यदि अलग-अलग औसत आय वाले दो समुदायों की तुलना करें तो अभी भी x की अपेक्षा y में विषमता कम होने की (सापेक्ष स्वरूप में) बात तो की ही जा सकती है। हमारे क्षेम विवेचन की प्रति व्यक्ति आय के परम स्तर पर निर्भरता की सच्चाई भी इस परिदृश्य को प्रभावित नहीं कर पाती क्योंकि यहाँ हम केवल सापेक्ष रूप में विवरण दे रहे हैं, किसी प्रकार की आदर्शमूलक व्याख्या करने का प्रयास नहीं कर रहे। विवरण की दृष्टि से हम कह सकते हैं कि y का वितरण x की तुलना में अधिक समतापूर्ण है तथा y की विषमता के स्तर का क्षेम के स्तर पर सापेक्ष प्रभाव (चाहे जितना न्यून क्यों न हो) x के अपेक्षाकृत उच्च विषमता स्तर के प्रभाव से कम ही रहेगा। दूसरे शब्दों में, x की अधिक विषमता का क्षेम के स्तर पर दुष्प्रभाव अधिक गहरा होगा और y में विषमता कम होने के कारण वहाँ क्षेम के स्तर पर दुष्प्रभाव भी अपेक्षाकृत क्षीण होगा। इस व्याख्या में यह नहीं माना जा रहा कि विषमता का क्षेम पर कितना गहरा प्रभाव पड़ता है। वह प्रभाव चाहे जितना भी हल्का क्यों न हो पर y के कम विषम वितरण में उसकी गहनता और कम हो जाती है। इस विवरण में हम विषमता के मापन को उसके क्षेम निहितार्थों की व्याख्या से मुक्त रख रहे हैं।

मैंने पहले भी यह कहा है कि आय-वितरण से जुड़े मापकों में दो परस्पर सम्बद्ध विशेषताएं होती हैं। सामान्य संवादों में भी विषमता की संकल्पना के प्रयोग में आदर्शमूलक एवं वस्तुपरकता की झलक प्रायः मिल ही जाती है। लॉरेन्ज़ वक्र में वैसे तो दोनों ही आयाम समाहित रहते हैं पर यदि औसत आय स्तर भिन्न हो तो आदर्शमूलक की अपेक्षा विवरणात्मक पक्ष अधिक सबल हो जाता है।

विषमता की अर्द्ध-क्रमिकताएँ

लॉरेन्ज़ प्रबलता सम्बन्ध से हमें एक आंशिक अशिथिल क्रमिकता प्राप्त होती है। मैंने इस अध्याय का आरम्भ ही इस कथन से किया था कि विषमताओं के विवेचन को अर्द्ध-क्रमिकता (Quasi-orderings) के रूप में अभिव्यक्त करने के कई कारण (और लाभ भी) हो सकते हैं। आंशिक अशिथिल क्रमिकता एवं अर्द्ध-क्रमिकता में अन्तर क्या है ? उत्तर होगा, कोई विशेष अन्तर नहीं होता। बस अर्द्ध-क्रमिकता में 'स्वतन्त्रता' का गुण होता है, पर अशिथिल आंशिक क्रमिकता में नहीं। इसी तरह अर्द्ध-क्रमिकता के विपरीत अशिथिल आंशिक क्रमिकता में नहीं। इसी तरह

अर्द्ध-क्रमिकता के विपरीत अशिथिल आंशिक क्रमिकता असममित होती है। यदि तकनीकी दृष्टि से बाल की खाल न निकालें तो अर्द्ध-क्रमिकता "कम-से-कम उतना विषम जितना कि "परिचायक होती है तो दूसरी ओर अशिथिल आंशिक क्रमिकता" से ज्यादा विषमतापूर्ण" का प्रतिनिधित्व करती है। बस थोड़े से ही परिमार्जन द्वारा हम लॉरेन्ज़ आंशिक क्रमिकता में से अर्द्ध-क्रमिकताओं की व्युत्पत्ति करने में सफल हो जाएँगे। इसमें और भी अधिक महत्त्वपूर्ण बात यह है कि इस व्युत्पत्ति के क्रम में हम सामूहिक क्षेमफलनों पर लगाए गए संरोधों को भी कुछ और लचीला स्वरूप प्रदान करने में सफल हो जाएंगे।

मृदु या क्षीण विषमता सम्बन्ध "कम-से-कम उतनी ही विषम" के सन्दर्भ में हमें क्षेम क्रमिकता के "कम-से-कम उतने" स्वरूप पर ध्यान देना होगा। अब "उससे अधिक" की बात अनावश्यक हो जाएगी। दूसरे शब्दों में, अब हम उन दशाओं पर चर्चा करना चाहेंगे जिनसे $F(y) > F(x)$ हो जाए। यह आवश्यक नहीं रहता कि $F(y) > F(x)$ ही हो। इस परिवर्तन के आते ही हम अशिथिल अर्द्ध अवनतोदर सामुदायिक क्षेमफलनों के सीमित क्षेत्र से बाहर निकल कर केवल सामान्य अर्द्ध-अवनतोदर फलनों का प्रयोग करने में सफल हो जाएंगे।

मान लो कि yRx का अर्थ है कि या तो yLx है अथवा x तथा y एक-दूसरे के समान वितरण हैं। यह दूसरा कथन तो हम सिर्फ इसलिए सम्मिलित कर रहे हैं कि R को स्वसम बनाया जा सके। पर हम इस सम्भावना से इन्कार नहीं कर रहे कि ये दोनों वितरण एक जैसे नहीं होने पर भी "एक समान विषमतापूर्ण" सिद्ध हो सकते हैं।

प्रमेय 3.3

R एक अर्द्ध-क्रमिकता है और yRx का निहित अर्थ है :

सभी सममित अर्द्ध-अवनतोदर F के लिए $F(y) > F(x)$ यह R स्वसमता एवं उत्तरोत्तरता के गुणों से सम्पन्न है। प्रमेय 3.1 के प्रमाण में प्रयुक्त समरूप असमताओं (1) से (4) के आधार पर इस प्रमेय का भी प्रमाण गढ़ा जा सकता है। यही नहीं, यदि हम S-अवनतोदरता की परिभाषा प्रत्येक द्वियादृच्छिक आव्यूह Q के लिए $F(Qx) > F(x)$ के रूप में करें तो इस प्रमेय का और संवर्धन कर इसे S अवनतोदरता पर भी लागू किया जा सकता है। अब ध्यान देने की बात यह है कि अशिथिल S अवनतोदरता की भी आवश्यकता नहीं रहती। वैसे ज्ञातव्य है कि S अवनतोदरता अर्द्ध-अवनतोदरता की अपेक्षा कहीं मृदु शर्त होती है।

पर आदर्शवाची एकजुटता का यह परिदृश्य अभी अधूरा ही है। एक तो सामाजिक क्षेम को केवल मौद्रिक आय पर आश्रित रखना अपने-आप में बहुत बन्धनकारी लगता है। मान लो कि मौद्रिक आयों का वितरण तो वही रहता है पर

कीमतें बदल जाती हैं। यदि कीमतों के भारित औसत के रूप में आकलित कीमत-सूचक का आकार स्थिर रहे तो भी कीमतों के बदलाव के कारण क्रय शक्ति का वितरण तो बदल ही जाता है। इसका कारण यही है कि सापेक्ष कीमतों के परिवर्तन से अलग-अलग व्यक्तियों पर अलग-अलग तरह के प्रभाव पड़ते हैं। इसके दो कारण होते हैं : (1) व्यक्तियों की अभिरुचियों में अन्तर होते हैं, तथा (2) लोगों की मौद्रिक आय के स्तर अलग-अलग रहते हैं। प्रथम कारण का प्रभाव तो सहज ही समझ आ जाता है पर दूसरे को समझने में भी अधिक कठिनाई नहीं आती। जैसे, यदि सभी की अभिरुचियाँ एक समान भी हों तो खाद्यान्न कीमतों में वृद्धि का ग़रीबों के क्षेम स्तर पर अधिक गहरा दुष्प्रभाव पड़ेगा, क्योंकि उनकी आय का तो बहुत बड़ा भाग केवल खाद्यान्न पर ही खर्च हो जाता है। एक प्रकार से उनकी मौद्रिक आय की क्रय शक्ति में अपेक्षाकृत अधिक गिरावट की अनुभूति होगी। दूसरे, औसत आय में भिन्नता के कारण तो हमारी सारी ही प्रमेय, 3.1 से 3.3 अपनी उपादेयता खो बैठती है। इसके कारणों की व्याख्या हम पहले ही कर चुके हैं। तो फिर परिवर्तनशील औसत आय के सन्दर्भ में तुलनाएं कैसे हो पाएँगी ? हमारा अन्तिम प्रश्न सामूहिक क्षेमफलन की सममितता एवं सभी व्यक्तियों की आवश्यकताएं समान होने की मान्यताओं से जुड़ा है। यद्यपि हमने पहले अध्याय में ही समान आवश्यकताओं की मान्यता में ढील देने का प्रभाव बहुत अच्छी तरह समझ लिया था, फिर भी इस अध्याय में इन प्रमेयों के निरूपण से हम जोंक की तरह से इस सूक्ति के साथ चिपके रहे हैं। इस अन्तिम समस्या पर हम अगले अध्याय में विचार करेंगे जहाँ आवश्यकताओं तथा मरुभूमियों संबंधी धारणाओं की पुनः व्याख्या भी होगी। आइए, पहली दो समस्याओं का विवेचन तो कर ही लें।

कीमत परिवर्तन एवं विषमता

कीमतों के उतार-चढ़ावों से उत्पन्न जटिलताओं पर हम पहले विचार कर रहे हैं। इस प्रश्न के महत्त्व से इन्कार नहीं है, पर हमें इसके घोर विनाशकारी हो सकने के आडंबर से ही अभिभूत नहीं हो जाना चाहिए। कई बार यह प्रयास हुए हैं कि कीमत परिवर्तनों की समस्या के कारण क्षेम तुलनाओं को पूरी तरह निरर्थक घोषित कर दिया जाए। यही नहीं, कीमतों में तो सामान्यतः उतार-चढ़ाव आते ही रहते हैं और इस बहाने समतावादियों को भयभीत करने के प्रयास होते रहे हैं। किन्तु विश्लेषण के आधार पर तो ऐसा कोई भयावह परिदृश्य नहीं बन पाता।

एक अर्थव्यवस्था की कल्पना करें जिसमें लोगों की आय का सदिश y तथा प्रचलित कीमतों का सदिश p द्वारा दिखाया जा रहा हो। प्रत्येक युग्म $(y_i p)$ i वें व्यक्ति की मौद्रिक आय एवं उन कीमतों को दर्शाता है जिन पर वह व्यक्ति अपनी आय ख़र्च करता है, यद्यपि इस व्यक्ति पर अन्य व्यक्तियों के क्षेम स्तरों के प्रभाव

भी पड़ सकते हैं। हम व्यक्ति के क्षेम स्तर को (y_i, p) पर आधारित किसी उपयोगिता फलन द्वारा अभिव्यक्त कर सकते हैं। यदि बाहयताओं की अनुपस्थिति की मान्यता कर पाना सहज हो तो इसका अधिक व्यापक स्वरूप (y, p) पर आधारित क्षेमफलन हो सकता है। कहने का तात्पर्य यह है कि हम सामाजिक क्षेमफलन को प्रत्यक्षतः परोक्ष रूप में व्यक्तियों के क्षेमफलनों की रचना के माध्यम से (y, P) पर आधारित मान सकते हैं।

और अधिक सामान्य (व्यापक) स्वरूप में हम सामाजिक क्षेम फलन को (y, p) युग्मों के समुच्चय पर परिभाषित एक क्रमिकता (निर्धारक) सम्बन्ध B, द्वारा अभिव्यक्त कर सकते हैं। यदि (y, p^1) कम-से-कम उतना ही श्रेष्ठ माना जाए जितना कि (y, p^2) है तो फिर हम कह सकते हैं कि

$$(y, p^1)\ B\ (x, p^2) \qquad (3.14)$$

यह सम्बन्ध B का स्वसम एवं उत्तरोत्तरतापूर्ण होता है अर्थात् यह एक अर्द्ध-क्रमिकता सम्बन्ध होता है। यदि B सम्पूर्ण होता तो सामाजिक क्षेम क्रमिकता भी सम्पूर्ण हो जाती। कुछ अतिरिक्त मान्यताएं निर्धारित कर हम सामाजिक क्षेम-फलन W को एक वास्तविक मूल्य धारण करने वाले फलन $E(Y, P)$ का स्वरूप दे सकते हैं।

$$W = E\ (y, p) \qquad (3.15)$$

यदि कीमतों की तुलना की जटिलता के कारण क्षेम विवेचन कर पाना सहज न हो तो फिर B सम्बन्ध सम्पूर्ण नहीं हो पाएगा। यह कहना एक बात है कि हम (y, p) के आधार पर सामाजिक क्षेम विवेचन कर सकते हैं पर वास्तव में इस विवेचन को स्थूल रूप प्रदान करना सहज नहीं होगा। अनेक बार तो तुलना ही कठिन हो जाएगी। कुछ मामलों में तो अन्तर इतने अधिक होंगे कि बहुत आसानी से क्रमिकता का निर्धारण हो जाएगा पर अनेक दशाओं में यह सम्भव नहीं होगा। अतः B को अर्द्ध-क्रमिकता मानना ही श्रेयस्कर होगा, पूर्ण क्रमिकता मानना उचित नहीं होगा।

एक और भी गम्भीर कठिनाई उस समय पैदा होती है जबकि उपयुक्त कीमत सदिशों के विषय में स्पष्ट जानकारी का अभाव होते हुए भी क्षेम विवेचन करना पड़े। सामान्यतः वितरणात्मक विवेचन करते समय प्रचलित कीमतों के विषय में हद-से-हद मोटी-मोटी जानकारी ही सुलभ रहती है। तो क्या यह कहना उचित होगा कि कीमतों की सटीक जानकारी के अभाव में की गई तुलनाएं एवं विवेचन पूरी तरह से मनमानी ही हैं ? नहीं, सदैव ऐसा नहीं होता। यद्यपि हमें सटीक रूप से कीमत सदिशों का ज्ञान नहीं होता फिर भी उन सदिशों के प्रसार (Range) के विषय में बहुत स्पष्ट जानकारी सुलभ रहती है। अतः हम विवेचनों से अवश्य प्रतिबद्ध हो

सकते हैं जो उस प्रसार के अन्तर्वर्ती कीमत सदिशों पर आधारित हों।

औपचारिक रूप से Δ सभी सम्भव कीमत सदिशों का समुच्चय है तथा J एक द्विचर सम्बन्ध है जिसके अनुसार

yJx तभी सत्य हो जबकि (अन्यथा नहीं)

(Δ में विद्यमान सभी P^1 एवं P^2 के लिए $(Y, P^1)\ B\ (Y, P^2)$ (3.16)

इस मान्यता के आधार पर हमें निम्नांकित निष्कर्ष प्राप्त हो सकता है।

प्रमेय 3.4

यदि B एक क्रमिकता है तो J भी क्रमिकता होगी। यदि B एक क्रमिकता हो तो एकिक समुच्चय Δ ही J को क्रमिकता बनाने के लिए पर्याप्त रहता है, पर आवश्यक नहीं होता (अर्थात् यह J के क्रमिकता का स्वरूप धारण करने के लिए Δ का अस्तित्व आवश्यक नहीं है। हाँ, यदि वह विद्यमान हो तो फिर यह अपने-आप में J को एक क्रमिकता बनाने के लिए पर्याप्त रहता है)।

आइए, इस प्रमेय के परिणामों पर गौर करें। यदि Δ के सभी घटकों के लिए p^1, p^2, p^3, p^4 $(y, p^1)\ B(x, p^2)$ तथा $(z, p^3)\ B\ (y,p^4)$ तो फिर Δ के सभी p^1, p^2 आदि के लिए $(z, p^1)\ B\ (x, p^2)$ सत्य होगा, क्योंकि B का सम्बन्ध उत्तरोत्तरतापूर्ण होता है। इसी के कारण J में भी उत्तरोत्तरता पायी जाती है। यदि Δ एकिक समुच्चय हो तो J स्वसम भी होगी ही। यही नहीं, यदि B का स्वरूप एक क्रमिकता का है तो यह सम्पूर्ण होगी और जब Δ में केवल एक p ही विद्यमान हो तो फिर J भी सम्पूर्ण होगी। दूसरी ओर, मान लो कि केवल तीन विकल्प x, y एवं z उपलब्ध हैं और मान लो कि $(y, p^1)\ B\ (x, p^2)$ तथा $(z, p^3)\ B\ (y, p^4)$ के सम्बन्ध में निहित p^1, p^2, p^3, p^4 Δ के घटक हैं, फिर तो Δ के एकिक समुच्चय हुए बिना भी (x, y, z) एक J क्रमिकता बन जाती है।

इस बात का ध्यान रहे कि J का स्वसम होना आवश्यक नहीं है, अतः इसका एक अर्द्ध-क्रमिकता होना भी जरूरी नहीं होगा। यदि कीमतों में अन्तर आ जाएँ तो दो समरूप मौद्रिक आय वितरण सामाजिक दृष्टि से एक समान नहीं रह पाते। वस्तुतः प्रचलित कीमतों के आधार पर ही दो समरूप मौद्रिक आय वितरणों के क्रम मानों का भली प्रकार निर्धारण हो पाएगा, कीमतों की सही जानकारी के अभाव में हम इस विषय में कुछ भी कह पाने की हालत में नहीं होंगे। किन्तु यदि एक वितरण में दूसरे की अपेक्षा बहुत अधिक संकेन्द्रण (Concentration) दिखाई पड़े तो कीमतों में काफी उतार-चढ़ाव के बावजूद हम बहुत निश्चित रूप से कह सकेंगे कि इस (संकेन्द्रण वाले) वितरण का क्षेम मान कम ही होगा।

सम्बन्ध J की उत्तरोत्तरता अपने-आप में बड़ी महत्त्वपूर्ण है। मान लो कि हम

B को असममित मान लेते हैं, (हमारे पास ऐसा करने के कई आधार हो सकते हैं) तो फिर J एक अशिथिल आंशिक क्रमिकता का स्वरूप धारण कर लेगी। J का प्रभाव क्षेत्र कितना विस्तृत है, यह बात तो सम्भव कीमत सदिशों के समुच्चय Δ द्वारा निश्चित प्रसार की सीमाओं तथा सम्बन्ध B पर निर्भर होगा। कीमतों की जानकारी जितनी सटीक और B जितनी अधिक विस्तीर्ण होगी J भी उतनी विस्तृत प्रभाव क्षेत्र पर मान्य हो जाएगी। अतः इस बात को समझना बहुत ही महत्त्वपूर्ण है कि हमारे सामने "सब कुछ या फिर कुछ भी नहीं" के बीच चयन करने का प्रश्न नहीं होता, कीमत से सम्बन्धित अपूर्ण जानकारी के बावजूद मौद्रिक आय वितरणों के सम्बन्ध में कुछ-न-कुछ विधिवत् क्षेम विवेचन तो सम्भव हो ही जाता है।

सबसे बड़ी समस्या तो वितरण को समग्र आय से अलग रखते हुए 'वास्तविक आय के समान स्तर' के निर्धारण में ही आती है। इस बहुत पुरानी समस्या पर क्षेम अर्थशास्त्र में बहुत विचार-विमर्श हो चुका है। यदि अलग-अलग कीमत स्तरों पर समान मौद्रिक आय के दो वितरणों पर ध्यान दें तो दो प्रकार से क्षेम के स्तरों में अन्तर आ सकते हैं। एक तो समग्र वास्तविक आय के स्तरों में अन्तर हो सकते हैं, तथा दूसरे उस आय के वितरण में अन्तर हो सकते हैं। किन्तु इन दोनों अन्तरकारी प्रभावों को अलग-अलग कर पाने का कोई विशेष और उपयुक्त तरीका उपलब्ध नहीं है। इस प्रकार विशुद्ध आबंटन समस्या का मनमानापन वस्तुतः वास्तविक आय के वितरण के बहुशोधित एवं चर्चित मनमानेपन का प्रतिबिम्ब मात्र ही है। फिर भी हम वास्तविक आय को किसी भी परिभाषा द्वारा निर्धारित सीमाओं में रहते हुए वितरण विवेचन तो कर ही सकते हैं। यदि x तथा y मौद्रिक आय के दो ऐसे वितरण हों जिनमें वास्तविक समग्र आय का स्तर समान हो तो फिर yBx का अर्थ निश्चित रूप से यही होगा कि y में आय का वितरण x की अपेक्षा बेहतर है। यदि कीमत सदिश का स्वरूप स्पष्ट नहीं हो तो फिर वितरण विवेचन को अशिथिल आंशिक क्रमिकता J पर आधारित किया जा सकता है। यहाँ यह प्रश्न उठाया जा सकता है कि जब वास्तविक आय का स्तर निर्धारित करने के लिए हमारे पास कीमतों के बारे में जानकारी उपलब्ध है तो उसी जानकारी का क्षेम विवेचन B में प्रयोग क्यों नहीं हो सकता। इतना बता देना ही पर्याप्त होगा कि इन दो कार्यों के लिए उपयुक्त कीमतें अलग-अलग होती हैं। वास्तविक आय की तुलना तो मात्र एक परम्परा है (जिसका निर्वाह किसी भी मोटे से समग्रवादी कीमत सूचक से हो सकता है) जबकि क्षेम विवेचन के लिए हमें प्रत्येक वर्ष (एवं प्रत्येक वस्तु) के लिए विस्तृत एवं सटीक कीमत सम्बन्धी जानकारी चाहिए। इस प्रकार के सभी विवेचन वास्तविक आय के आकलन एवं तुलना की विधियों पर आश्रित रह जाते हैं—पर अन्य कोई रास्ता भी नज़र नहीं आता। किसी दी हुई वास्तविक आय के वितरण से जुड़ी समस्या उस वास्तविक आय की परिभाषा पर ही निर्भर करती है।

औसत आय में अन्तर

आइए, अब औसत आय में अन्तरों पर विचार करें। विषमता के सामान्य विवरणात्मक मापक, जैसे प्रसार E, सापेक्ष औसत विचलन M, प्रसरण गुणांक C, गिनी गुणांक G या फिर लघुगणकों का मानक विचलन, सभी सापेक्ष आय अन्तरों पर ही ध्यान देते हैं। अध्याय-2 में जिन विवरणात्मक मापकों पर चर्चा हुई थी उनमें से केवल प्रसरण V ही औसत से स्वतन्त्र नहीं था। परन्तु सारे ही आदर्शमूलक मापक, जैसे A और N सभी समान औसत आय के सीमित परिपेक्ष्य में ढाले गए हैं। क्या इन मापकों को औसत निरपेक्ष (Mean Independent —or independent of mean) बनाया जा सकता है ? क्या हमें वास्तव में ऐसा करने की इच्छा भी करनी चाहिए ?

परम्परागत उपयोगिता पैमाने पर आश्रित डाल्टन का मापक D एटकिन्सन के मापक से (इसी कारण) घटिया माना जा सकता है। पर मापक N योजीय पृथकता की प्रतिबन्धनकारी मान्यता पर आश्रित नहीं होता, इसीलिए उसे श्रेष्ठतर माना जा सकता है। किन्तु इसी कारण से इसकी सामान्य विशेषताओं की रचना A की विशेषताओं की अपेक्षा अधिक कठिन हो जाती है। वस्तुतः यह शर्त कि N मापक औसत आय निरपेक्ष हो और केवल सापेक्ष आय के वितरण पर निर्भर रहे, हमें किसी सुनिश्चित निष्कर्ष तक नहीं पहुँचा पाती। इसके विपरीत जब यही शर्त एटकिन्सन की समान वैयक्तिक U फलनों की योजीय संरचना पर लगाई जाती है तो तत्काल ही क्षेमफलन का स्पष्ट स्वरूप निर्धारित हो जाता है। यह बात सहज ही जाँची जा सकती है कि यदि वैयक्ति U फलनों का स्वरूप निम्नांकित हो तभी A को औसत आय स्तर से निरपेक्ष या स्वतन्त्र रखा जा सकता है :

$$U(y_i) = k_1 + (k_2/\alpha)(yi)^{\alpha}, \qquad (3.17)$$

जहाँ k_1 तथा k_2 दो स्थिरांक हैं तथा लोचशीलता $\alpha < 1$ ताकि U फलन अवनतोदर बनी रहे। क्षेमफलन के उपयोगितावादी, समान U फलनों पर योजीय स्वरूप धारण करने के लिए उन U फलनों की स्थिर लोचशीलता अनिवार्य होती है। यद्यपि, जैसे स्वयं एटकिन्सन भी स्वीकार करते हैं, यह कुछ संशोधित-सी अवस्था लगती है, फिर भी सामुदायिक क्षेमफलन वैयक्तिक आयों के रेखीय फलन से लेकर वितरणों को केवल न्यूनतम स्तरों के अनुसार क्रमित करने तक का कोई भी स्वरूप विशेष धारण कर सकती है। जहाँ रेखीय स्वरूप में वितरणों की क्रमिकता का निर्धारण केवल समग्र आय के अनुसार हो जाएगा–(वहाँ $\alpha = 1$ रहता है) वहीं न्यूनतम आय स्तरानुसार वितरण में अन्य सभी आय स्तरों की अनदेखी हो जाती है ($\alpha = -\infty$)।

इस अच्छी-ख़ासी 'सशक्तता' के प्रदर्शन के बाद भी (3.17) के स्वरूप की सीमितता को नकारा नहीं जा सकता। यह बहुत ही सीमित योजीय सामुदायिक क्षेम

फलनों के वर्ग में ही शामिल रहती है–जिनकी त्रुटियों पर हम पहले ही विचार कर चुके हैं। वास्तव में यह शर्त ही संशोधनकारी होती है कि विषमता मापक औसत आय स्तर से निरपेक्ष रहे। यह तर्क दिया जा सकता है कि भुखमरी के बहुत निकट स्तर पर ही विषमता की चुभन अधिक तीखी लगती है। अतः न्यून औसत आय स्तर पर विषमता मापक को उतने ही सापेक्ष अन्तर को अधिक करके आँकना चाहिए। दूसरी ओर, मैं यह भी सुन चुका हूँ कि विषमता की बात तो अमीर अर्थव्यवस्थाओं का चोंचला मात्र है। यद्यपि मैं इस दृष्टिकोण को पूरी तरह समझ तो नहीं पाया हूँ पर इसके पक्षधरों की संख्या वास्तव में बहुत ही प्रभावशाली है। यद्यपि दोनों प्रकार के तर्क दिए जा सकते हैं पर ये विषमता मापकों को औसत माप के स्तर से निरपेक्ष रखने के लिए पर्याप्त तार्किक आधार नहीं बना पाते।

यहाँ हम एक प्रकार की दुविधा में फँस जाते हैं। विषमता मापक को औसत आय निरपेक्ष बनाना आपत्तिजनक लगता है पर औसत आय तथा इन मापकों के बीच अन्य किसी सम्बन्ध को लेकर किसी वैकल्पिक सामान्य मान्यता पर सर्वानुमति भी नहीं हो पाती। यही नहीं, जो लोग मापक को औसत आय की दिशा के प्रति सापेक्ष बनाने पर सहमत हो सकते हैं, उनमें भी इस निर्भरता के परिमाण या स्तर के निर्धारण को लेकर तीखे मतभेद उभर सकते हैं।

विवरण और अबाध्यताकारी विवेचन

एक विकल्प यह भी हो सकता है कि औसत निरपेक्ष मापकों को ही प्राथमिक, पर 'काम चलाऊ' विषमता मानकर प्रयोग किया जाए किन्तु उनके साथ ही व्यवस्थित रूप से औसत आय से जुड़े हुए 'सहायक' उपस्करों का प्रयोग भी किया जाए। यह प्रतिपूर्ण दो प्रकार से हो सकता है। एक तो यह कहा जा सकता है कि यद्यपि औसत निरपेक्ष मापक के अनुसार तो वितरण x में y की अपेक्षा अधिक विषमता है, पर y में औसत आय का स्तर न्यून होने के कारण सम्भवतः y में वास्तविक विषमता अधिक होगी। दूसरा विकल्प यही है कि हम मापक में तो आदर्शमूलक धारणा को सम्मिलित करने की महत्त्वाकांक्षा से बचें, परन्तु औसत निरपेक्ष मापक का प्रयोग इस स्वतन्त्र स्वीकारोक्ति के साथ ही करें कि मापक में आदर्शमूलक तत्त्वों का अभाव-सा लगता है। फिर तो यह कहा जा सकता है कि मापन विधि के अनुसार तो x में विषमता अधिक है किन्तु न्यून औसत आय स्तर के कारण विषमता का सापेक्ष क्षेम प्रभाव y में अधिक गहन होगा। इन दोनों शाब्दिक रचनाओं में यही अन्तर है कि पहली रचना में किसी सीमा तक वस्तुपरक मापक में ही आदर्शमूलक संकल्पना को स्थान देने का प्रयास झलकता है तो दूसरी में वस्तुपरक मापक के परिणामों की आदर्शवादी दृष्टिकोण से पुनः व्याख्या का प्रयास किया जाता है। मैं इस विषय में पहले भी चर्चा कर चुका हूँ।

इस सीमित स्वरूप में भी क्षेम चिन्तन के आधार पर विकसित सापेक्ष विषमता मापक के औसत आय निरपेक्ष होते हुए भी कुछ-न-कुछ आदर्शमूलक तत्त्व आ ही जाते हैं। यह एक ग़ैर-बाध्यताकारी विवेचन की ही झलक है। अर्थात् प्रथमदृष्टया: क्षेम मूल्यांकन का स्वरूप सिफारिश जैसे ही माना जाए जब तक किन्हीं अन्य तर्कों के आधार पर इन सिफारिशों का खण्डन नहीं हो जाता। इस प्रकार सीमित आदर्शमूलक आयाम को वितरण के साथ जोड़ देने पर विषमता के ये मापक सामान्य चर्चा में व्यवहृत विषमता की संकल्पना ग़ैर-तकनीकी के बहुत निकट पहुँच जाएँगे।

संच्छेदक अर्द्ध-क्रमिकताएँ

आइए, अब विवरणात्मक पक्ष पर विचार करें। एक महत्त्वपूर्ण बात तो यह है कि जहाँ कुछ सूचकों में टकराव रहता है वहीं कुछ परस्पर पृष्ठपोषण भी करते हैं। चुने हुए मापकों के साँझे बिन्दुओं की पहचान कर हम इनके बीच आंशिक सहचारिता का चित्रण कर सकते हैं। जहाँ कुल मिलाकर k संख्या में तथा cj (प्रत्येक $J = 1 \ldots. k$) कसौटियाँ हों जो पूर्ण क्रमिकता का निर्धारण करती हो तो हम उनके संच्छेद Q को इस प्रकार परिभाषित कर सकते हैं :

$$yQx \text{ सत्य होगा जबकि}$$
$$\text{सभी } j = 1 \ldots, k \text{ के लिए } y\,C^j x \text{ अन्यथा नहीं} \qquad (3.18)$$

प्रमेय 3.5

Q एक अर्द्ध-क्रमिकता है।

प्रत्येक C^j स्वःसम है अतः Q में भी यही गुण होगा। यदि सभी j के लिए zC^jy तथा yC^jx तो फिर zC^jx अर्थात् C^j की उत्तरोत्तरता के कारण Q में भी उत्तरोत्तरता की विशेषता आ जाती है। हम जानते ही हैं कि यदि किसी सम्बन्ध में स्वःसमता एवं उत्तरोत्तरता के गुण हो तो उसे अर्द्ध-क्रमिकता कहा जाता है।

इस प्रकार की संच्छेदन अर्द्ध-क्रमिकता का सबसे बड़ा फ़ायदा यही है कि यह किसी एक विषमता मापक और उसकी पूर्ण क्रमिकता, जिसमें उस मापक की मनमानी प्रवृत्ति झलकती हों, पर आश्रित नहीं रहती। दूसरा पक्ष यह भी है कि Q में बहुत ही अधूरापन रह जाए। यह अधूरापन इस बात पर निर्भर करेगा कि C^j आपस में किस सीमा तक टकराते हैं। कुछ तुलनाओं से हमें निश्चित परिणाम या निष्कर्ष मिलते हैं पर कुछ से नहीं मिल पाते। आइए, इस बात को और स्पष्ट करने के लिए हम पाँच देशों के आय के वितरणों की अर्द्ध-क्रमिकता पर निगाह डालें। ये देश हैं—इंग्लैण्ड, संयुक्त राज्य अमेरिका, मेक्सिको, श्रीलंका और भारत। इनकी अर्द्ध-क्रमिकता, जो गिनी-गुणांक, प्रसरण गुणांक एवं लघुगणकों के मानक विचलन

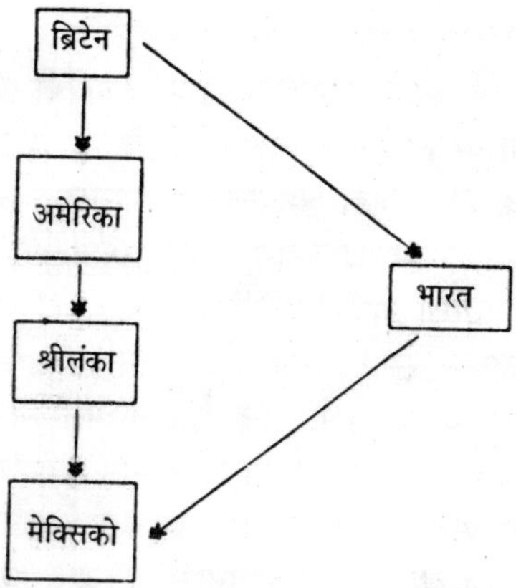

अर्द्धक्रमिकता C, G और H के आधार पर

चित्र 3.5

के आधार पर बनाई गई है, चित्र 3.5 में प्रस्तुत हैं।

C, G तथा *H* के आधार पर अर्द्ध-क्रमिकता इंग्लैण्ड, संयुक्त राज्य अमेरिका, श्रीलंका तथा मेक्सिको तो *Q* के आधार पर साधारण क्रमिकता पा जाते हैं पर भारत इस क्रमिकता के अधूरेपन को उजागर कर देता है। भारत की श्रीलंका तथा संयुक्त राज्य अमेरिका से तुलना नहीं हो पाती जबकि इसका आय वितरण इंग्लैण्ड से अधिक विषमतापूर्ण तो मैक्सिकों से कम विषमतापूर्ण है। श्रीलंका की तुलना में भारत की आय वितरण का गिनी-गुणांक और लघुगणक मानक विचलन तो कम है पर प्रसरण गुणांक अधिक है। संयुक्त राज्य अमेरिका की तुलना में भारत में गिनी-गुणांक एवं प्रसरण गुणांक तो अधिक हैं पर लघुगणक मानक विचलन कम है। अब सवाल उठता है कि क्या *Q* लॉरेन्ज़ सम्बन्ध *L* से या इसके और मृदु स्वरूप *R* से अधिक विस्तृत या व्यापक होगा ? या फिर इसका प्रसार क्षेत्र और सीमित रह जाएगा ? वास्तव में दोनों ही सम्भावनाएँ रहती हैं। केवल तीन कसौटियाँ *C, G* तथा *H* यह सुनिश्चित नहीं कर पातीं कि लॉरेन्ज़ सम्बन्ध का स्वरूप भी यही होगा। इसका कारण स्पष्ट है, लॉरेन्ज़ सम्बन्ध में *n* आकार की जनसंख्या के लिए *n* असमताओं की सम्पूर्ति आवश्यक होती है। हमारी तीन क्रमिकताएँ *C, G, H* तो केवल तीन ही असमताएँ उपलब्ध कराती हैं। अतः इनके लॉरेन्ज़ सम्बन्ध के निरूपण के लिए पर्याप्त रहने

की सम्भावना बहुत ही क्षीण रहती है।

दूसरी ओर, लॉरेन्ज़ सम्बन्ध इन तीन कसौटियों की सभी व्याख्याओं को भी अपने-आप में समेट नहीं पाता क्योंकि इन तीनों में इसके लिए आवश्यक अवनतोदरता की विशेषताएँ नहीं होतीं। प्रसरण गुणांक C तो अवनतोदर है परन्तु गिनी-गुणांक G तो केवल अर्द्ध-अवनतोदर ही है। फिर भी G का लॉरेन्ज़ सम्बन्ध से कोई टकराव नहीं होता पर लघुगणक विचलन H का L से प्रत्यक्ष टकराव रहता है। इसका कारण यह है कि H से जुड़ी क्षेमफलन अशिथिल S अवनतोदर नहीं है, जोकि L क्रमिकता को H का उपसम्बन्ध बनाने के लिए आवश्यक होती है। दूसरी ओर, G में अशिथिल S अवनतोदरता पायी जाती है। अतः C, G तथा H पर आधारित Q न तो L को अपने-आप में समेट पाता है और न ही L में सिमट पाता है।

अवश्य ही Q में कोई सशक्त मनमानेपन का लक्षण होगा। किसी हद तक C^j के स्वरूप के चयन में भी किसी-न-किसी 'अंगूठा छाप' नियम *(Rule of thumb)* की झलक अवश्य रहती है। फिर भी एक विश्लेषण विधि के रूप में अर्द्ध-क्रमिकताओं का संच्छेदन कुछ नई सम्भावनाओं के द्वार खोल देता है। केवल किसी एक मापक एवं उसके मनमानीपूर्ण तत्वों पर निर्भरता से परे हटकर Q उन मापकों के मनमानेपन में कमी अवश्य ला सकता है। Q के निर्धारण में प्रयुक्त प्रत्येक मापक में कुछ-न-कुछ ग्राह्य गुण होते हैं तो कुछ ऐसी त्रुटियाँ भी रहती हैं जो सभी में समान रूप से नहीं होतीं। इसलिए इनके संच्छेदन के रूप में Q अनेक उपयुक्त तत्वों को अपने-आप में समाहित कर लेता है और अपेक्षाकृत कम मतभेदपूर्ण क्रमिकताओं को अधिक सन्देहपूर्ण क्रमिकताओं से पृथक करने में सहायक होता है। वास्तव में उपर्युक्त तीन मापक, C, G तथा H ही मिलकर एक ऐसी अर्द्ध-क्रमिकता का सृजन कर सकते हैं जिसमें बहुत अधिक विश्लेषण शामिल है। यह बात भी कम व्यावहारिक महत्त्व की नहीं है कि 12 देशों की इन तीन मापकों के संच्छेदन पर आधारित क्रमिकता उस समय भी पूर्णतः अपरिवर्तित रहती है जबकि C^j का संवर्धन कर उसमें एटकिन्सन के तीन आदर्शमूलक मापकों को भी सम्मिलित कर लिया जाता है।

एक कम सुस्पष्ट विश्लेषणात्मक संरचना

मैंने अनेक प्रकार से विषमता मापकों में लचीलापन लाने के पक्ष में तर्क दिये हैं। सबसे पहले तो आंशिक रूप से विवरणात्मकता एवं आंशिक रूप से ही आदर्श मूलक तत्वों पर आधारित होने से विषमता सूचक की 'विशुद्धता' 'धूमिल' पड़ जाती है। एक विशुद्ध रूप से विवरणात्मक मापक में सुस्पष्ट प्रेरणा का अभाव रहता है। (यह नहीं पता चलता कि किस बात की विषमता का मापन हो रहा है) तो दूसरी ओर विशुद्ध आदर्शमूलक मापन भी विषमता की संकल्पना की कई विशेषताओं से अछूता ही रह जाता है। अनेक प्रकार के आदर्शमूलक एवं विवरण से जुड़े मुद्दों को

समन्वित रूप प्रदान करने के प्रयास भी हुए हैं।

दूसरी बात यह है कि एक आदर्शमूलक स्वरूप में भी विषमता सूचकों का स्वरूप मूलतः सिफारिश जैसा ही रहता है। इनमें मानने की बाध्यता नहीं होती। इसका प्रभाव यही होता है कि इन मापकों को विषमता का प्राथमिक प्रमाण मानकर यदि आवश्यक हो तो अन्य सहायक मुद्दों के आधार पर विश्लेषण की प्रतिपुष्टि की जा सकती है।

तीसरी मुख्य बात यह है कि अनेक कारणों से विषमता क्रमिकता को अर्द्ध-क्रमिकता की भाँति निरूपित करना ही उपयुक्त रहता है। एक कारण तो आदर्शमूलक स्वरूप में प्रयुक्त क्षेमफलन की रचना के विषय में अनिश्चितता ही है। दूसरे, कीमतों एवं वास्तविक आय के स्तर भी निश्चित नहीं होते—फिर बहु-वस्तु परिवेश में वितरणात्मक विवेचन और भी जटिल हो जाता है। यद्यपि यह समस्या से निपटने का एक मात्र माध्यम नहीं है, फिर भी यदि औसत आय पर निर्भरता का एकमात्र माध्यम नहीं है, फिर भी यदि औसत आय पर निर्भरता को मापन में ही समाहित करना चाहें तो भी हम अपूर्णता की दिशा में ही धकेले जाएँगे। अर्थात् जब भी औसत आय के अन्तर बड़े और महत्त्वपूर्ण होंगे, हमें असमताओं को क्रमबद्ध करने का विचार त्याग देना पड़ेगा।

यही नहीं, अपने-आप में सम्पूर्ण क्रमिकता का निर्धारण कर सकने वाले विवरणात्मक मापक भी अपूर्ण अर्द्ध-क्रमिकताओं की स्वीकार्यता-ग्राह्यता के संकेत देते हैं। इनके द्वारा निर्धारित क्रमिकताओं के संच्छेदन द्वारा अपेक्षाकृत साधारण तुलनाओं और जटिलताओं के संच्छेदन द्वारा अपेक्षाकृत साधारण तुलनाओं और जटिलतापूर्ण तुलनाओं को अलग-अलग कर पाना सहज हो जाता है।

अर्द्ध-क्रमिकता का विचार विषमता की संकल्पना से बहुत घुला-मिला-सा लगता है। इस संकल्पना में सूक्ष्म भेद करने की योग्यता नहीं है। बस यह तो जो भेद होते हैं, उन्हें कुछ और स्पष्ट बना देता है। पहले चर्चित विषमता के विचार एवं विरोध तथा विद्रोह करने की तत्परता के बीच सम्बन्ध भी इसी दिशा में संकेत करता है।

आदर्शमूलक एवं वितरणात्मक, दोनों ही दृष्टियों से विषमता को अर्द्ध-क्रमिकता का स्वरूप प्रदान करना बहुत उपयोगी रहता है। मेरा मत है कि यदि परम्परागत सिद्धान्तों में निहित "या तो सब कुछ अथवा फिर कुछ भी नहीं" की विधि का अनुसरण त्याग कर विषमता विश्लेषण के क्षेत्र में वास्तविक जानकारियों का अध्ययन न केवल अधिक सार्थक बन पाएगा बल्कि सम्पूर्ण क्रमिकता से जुड़े मनमानेपन से भी बचाव सम्भव हो पाएगा। एक वाकपटु व्यक्ति जो वितरणों के प्रत्येक युग्म के बीच विषमता की पूरी-पूरी तुलना कर सकता है तथा वह समझदार जो इन सभी तुलनाओं को केवल मनमानी मानता है, दोनों ही विषमता की संकल्पना के अतिमहत्त्वपूर्ण आयामों की अनदेखी कर जाते हैं।

4.

कार्य, आवश्यकताएं और विषमता

इस अन्तिम अध्याय में मैं आर्थिक विषमताओं से जुड़े कुछ व्यापक मुद्दों पर चर्चा करना चाहता हूँ। विषमता को कई बार सापेक्ष रूप से देखा जाता है—अर्थात् किसी 'उपयुक्त' वितरण से 'अलग' रूप से इसकी व्याख्या की जाती है। 'उपयुक्त' वितरण के निरूपण की दो चिन्तन धाराएँ हैं। एक 'आवश्यकता' (Need) पर निर्भर है तो दूसरी में पात्रता (Desert) पर ध्यान दिया जाता है। "*A* की आवश्यकताएँ *B* से अधिक है, अतः उसे अधिक आय मिलनी चाहिए" तथा "*A* ने *B* से ज्यादा मेहनत की है अतः उसे अधिक पुरस्कार मिलना चाहिए"—इस प्रकार के कथनों के टकराव या विरोध का आभास सहज ही हो जाता है। इस दृष्टि से विषमता को केवल 'प्रसरण' (Dispersion) का मापन नहीं मानना चाहिए, यह तो वास्तविक वितरण और आवश्यकतानुसार उपयुक्त या फिर पात्रतानुसार उपयुक्त वितरण के बीच अन्तर का मापन भी है। मैं आवश्यकता एवं पात्रता इन दोनों ही पहलुओं पर पृथक्-पृथक् विचार कर रहा हूँ।

आवश्यकताएँ एवं क्षेम

आवश्यकताओं के तुलनात्मक स्वरूप का विचार तो व्यक्तिगत क्षेमफलनों के स्वरूप तथा वैयक्तिक तुलनाओं की प्रकृति से बहुत निकटतः जुड़ा रहता है—इस विषय में हमने पहले अध्याय में भी चर्चा की थी। किन्तु, आवश्यकताओं से क्षेम तक का मार्ग पूरी तरह से निरापद नहीं होता—अर्थात् आवश्यकताओं को क्षेम के स्तर में परिवर्तित करने में कई प्रकार की कठिनाइयों का सामना करना पड़ सकता है। उदाहरण के लिए, हमें ऐसा लग सकता है कि जिस व्यक्ति की आवश्यकताएँ अधिक हों उसे अधिक आय मिलनी ही चाहिए। अतः किसी निश्चित आय Y से उसका क्षेम का स्तर भी कम आवश्यकता वाले व्यक्ति से अधिक ऊँचा रहना चाहिए। किन्तु थोड़ा सा ही विचार करने से यह स्पष्ट हो जाएगा कि विषमता का संकेत

तो एकदम विपरीत दिशा में ही होगा। वस्तुतः प्रत्येक व्यक्ति उच्चतर आय *Y* तथा कम आवश्यकताओं वाली स्थिति में ही होना चाहेगा। कोई भी अधिक आय तथा अधिक आवश्यकता से बचना ही चाहेगा। उदाहरण के लिए, कोई भी व्यक्ति सामान्य स्वास्थ्य के साथ अधिक आय *Y* का उपयोग अधिक आय और गुर्दे की बीमारी के संयोजन से बेहतर ही मानेगा। जिस प्रकार की विश्लेषण संरचना का निर्माण अध्याय-1 में किया गया है, उसके अनुसार तो पहली अवस्था वाले व्यक्ति का क्षेम स्तर स्पष्टतः दूसरी अवस्था वाले व्यक्ति से उच्चतर नहीं होगा। आपको ध्यान होगा कि पहले अध्याय में इस प्रकार की वैयक्तिक तुलनाओं को हमने *R* द्वारा अभिव्यक्त किया था।

मृदु/क्षीण समता सूक्ति (Weak Equity Axiom) आदि अन्य कारक भी यही सिफ़ारिश करते हैं कि जिस व्यक्ति का क्षेमफलन हर प्रकार से निम्न स्तर पर रहता हो, उसे समग्र आय का अपेक्षाकृत अधिक अंश मिलना चाहिए। यह अधिक जरूरतों वाले व्यक्ति को अधिक आय उपलब्ध कराने का ही दूसरा स्वरूप होगा। यह विचारणीय बात हो सकती है कि व्यक्ति की आवश्यकताओं की अधिकता किस प्रकार आँकी जाए तथा क्या सचमुच आवश्यकताओं की अधिकता को आय का अधिक अंश पाने का आधार बनाया जाना चाहिए ? क्या हम निश्चित रूप से यह बता सकते हैं कि किसी की जरूरतें अधिक हैं या नहीं ?

आवश्यकताओं के तुलनात्मक आकलन की समस्या वस्तुतः बहुत गंभीर होती है। इनके विषय में निर्णय कर पाना बहुत कठिन हो सकता है। यहाँ भी क्षेम अर्थशास्त्र में प्रचारित सहज नकारात्मकता का शिकार हो जाने की संभावना बहुत अधिक रहती है—हम पिछले अध्यायों में अनेक सन्दर्भों में उस नकारात्मकता के विरुद्ध निरन्तर संघर्ष करते रहे हैं। यह नकारात्मकता किसी कठिनाई को बड़े विधिसंगत ढंग से ध्यान में रखकर एक अतीव विनाशपूर्ण संरचना का निर्माण कर लेती है। ठीक है कि कई बार अधिक जरूरतों का आकलन ठीक से नहीं हो पाता पर अन्य अवस्थाओं में इस आकलन में कोई ख़ास कठिनाई भी नहीं आती। अतः जो भी व्यक्ति इस प्रकार का निर्णय कर रहा हो, उससे एक प्रश्न अवश्य पूछा जाना चाहिए : क्या तुम *Y* आय के साथ व्यक्ति *A* होना बेहतर समझोगे या उसी आय के साथ व्यक्ति *B* होना। एक उदाहरण इस बात को और अधिक स्पष्ट कर सकता है।

राष्ट्रीय स्वास्थ्य सेवा बनाम चिकित्सा बीमा

अर्थशास्त्रियों ने चिकित्सा सुविधाओं के सार्वजनिक सेवा स्वरूप के औचित्य पर बहुत विचार-विमर्श किया है। ऍरो (Arrow) ने अपनी एक रचना में स्वास्थ्य संबंधी अनिश्चितताओं के बीमे की व्यवस्था कर पाने में बाज़ार व्यवस्था की असफलता की बहुत सटीक व्याख्या की है, पर उन्हीं ने यह भी स्पष्ट किया है कि यदि बीमा

बाज़ार में पूर्ण प्रतियोगिता होगी तो जिन व्यक्तियों के बीमार पड़ने की सम्भावनाएं अधिक होंगी उन्हें बीमे की ऊँची किश्तें भी चुकानी पड़ेंगीं। इस प्रकार अधिक बीमार पड़ने वाले व्यक्तियों की बीमा किश्त, पश्चात्-आय भी कम रह जाएगी। बाज़ार के मुनाफ़ावाद से मुक्त राष्ट्रीय स्वास्थ्य सेवा इसी प्रकार की विचित्र स्थितियों से बचाव कर सकती है। पर इस स्थिति से बचाव क्यों होना चाहिए ? इस बचाव के पक्ष में सभी तर्क 'आवश्यकता' के सिद्धान्त पर ही आधारित रहेंगे। एक बीमार व्यक्ति की आवश्यकताएं सामान्य व्यक्ति की अपेक्षा अधिक होती हैं। उस पर अधिक खर्च करके समाज उसकी प्रभावी आय में वृद्धि कर सकता है। यह बात प्रथम अध्याय में चर्चित मृदु समता सूक्ति के अनुरूप भी होगी।

यहाँ मैं बीमार लोगों के नकद सहायता देने या उनकी निःशुल्क चिकित्सा व्यवस्था कराने के गुण-दोष का विवेचन तो नहीं करूँगा पर, सापेक्ष आवश्यकताओं के विवेचन से जुड़े प्रतीत होने वाले एक अन्याय पर एक संक्षिप्त-सी टिप्पणी अवश्य करना चाहूँगा ! मैं राष्ट्रीय स्वास्थ्य सेवा के माध्यम से चिकित्सा सुविधा के संगठनात्मक पहलुओं और उसमें निहित बड़े पैमाने की मितव्ययिताओं की सम्भावनाओं पर भी बात नहीं कर रहा। मैं तो सिर्फ इस बात की ओर ध्यान आकर्षित करना चाहता हूँ कि नकद सहायता के प्रावधान में दुरुपयोग की सम्भावनाएं अधिक होती हैं। अधिक आवश्यकताओं का ढोंग रचाना अपेक्षाकृत सहज होता है, पर इस तरह की हरकतों के कारण किसकी आवश्यकता कितनी अधिक है, इस प्रश्न का निदान और अधिक दुःसाध्य हो जाता है। जब सहायता चिकित्सा सुविधा के रूप में प्रदान की जाती है तो उसका आवश्यकताओं से बड़ा सीधा संबंध बन जाता है—साथ ही आवश्यकताओं को पहचानने व उनका मूल्यांकन करने की व्यावहारिक समस्या की कठिनाइयाँ भी कम हो जाती हैं। राष्ट्रीय स्वास्थ्य सेवाओं में आवश्यकता के अनुसार 'भुगतान' की व्याख्या अन्तर्निहित रहती है। यह बात बीमारी की क्षतिपूर्ति या मुआवज़े की वैकल्पिक व्यवस्थाओं के मूल्यांकन में बहुत प्रासांगिक हो सकती है।

क्षेम के ग़ैर-आय निर्धारक तत्त्व

यदि सामुदायिक क्षेमफलन $F(y_1...y_n)$ प्रकार का हो तो फिर सामाजिक क्षेम को प्रभावित करने वाले आय के अतिरिक्त अन्य कारकों का विश्लेषण में समावेश केवल क्षेमफलन के आकार या स्वरूप के माध्यम से हो सकता है। यदि व्यक्तिनिष्ठ सामाजिक क्षेमफलन (जो कि व्यक्तियों के क्षेम स्तरों $W(U_i...U_n)$ पर आधारित होता है) पर विचार करें और प्रत्येक U_i को केवल व्यक्तिगत आय पर निर्भर मान लें अर्थात् $U_i(y_i)$ अथवा सामान्यतः $U_i(y_i...y_n)$ तो फिर हमारे पास अन्य कारकों को विश्लेषण में शामिल करने का U फलन की रचना के अतिरिक्त कोई माध्यम नहीं बचता। रचना का यह विशेष स्वरूप व्यक्तियों की ग़ैर-आय लक्षणों द्वारा निर्धारित

आवश्यकताओं की भिन्नता को दर्शा सकता है।

उदाहरण के लिए, दो आय वितरणों, x तथा y पर विचार करें। दोनों में आय का समग्र तथा व्यक्तियों की संख्या *(n)* एक समान ही है। ये सभी वैसे तो एक जैसे ही हैं–पर पहला व्यक्ति एक अच्छी-ख़ासी बदनाम कोयला खान में काम करता है, दूसरा बहुत ही खुशगवार स्थिति में काम करता है। शेष सभी, अर्थात् *3,* से n व्यक्ति एक जैसे स्तर पर हैं–पर इनका स्तर दूसरे से नीचा, और पहले से बहुत ऊँचा रहता है। मान लो कि x में आय के वितरण में पूरी समानता है किन्तु y में पहले व्यक्ति को काफी अधिक, दूसरे को अन्य सभी से कम आय मिल पाती है। हम y वितरण को बेहतर मान सकते हैं, क्योंकि यदि सभी की आय समान होती तो बहुत कठिन परिस्थितियों में काम करने वाले व्यक्ति का क्षेम स्तर बहुत नीचा रह जाता और दूसरे का क्षेम स्तर अन्यों से बहुत ऊँचा हो जाता। मृदु समता सूक्ति भी y वितरण (किसी भी y को नहीं) जो इन असमानताओं का सम्मान करती है, चुनने का सुझाव देती है। यदि इस आधार पर y को x से बेहतर माना जाता है तो यही मानना पड़ेगा कि कठिन कार्य दशाओं के कारण पहले व्यक्ति की आय आवश्यकताएं अधिक आँकी गई हैं तथा बहुत आराम का काम करने वाले दूसरे व्यक्ति की जरूरतें कम मानी गई हैं। यदि दूसरा व्यक्ति बहुत बड़ी सम्पत्ति का स्वामी होता, तो भी उसकी आमदनी की जरूरत कम आँकी जा सकती थी। हमारे पूर्व परिचित प्रतिमान के अनुसार इन दो व्यक्तियों के बीच तुलना कुछ इस प्रकार हो सकती है : यदि आय का स्तर समान रहे तो हम पहले की अपेक्षा दूसरा व्यक्ति होना चाहेंगे, क्योंकि उसी आय के आधार पर दूसरे का क्षेम स्तर अधिक ऊँचा हो जाता है। यह इसी बात को स्वीकार करने का दूसरा ढंग है, कि दूसरे व्यक्ति की अपेक्षा पहले की आवश्यकताएं अधिक हैं।

अतः आय के आबंटनों के मूल्यांकन में सममितता की मान्यता को केवल इस आधार पर ही नहीं नकारना होगा कि लोगों की आवश्यकताओं में भारी आधारभूत अन्तर हो सकते हैं (जैसे कोई लम्बी बीमारी या अपंगता से ग्रस्त हो) बल्कि कार्य करने की दशाओं आदि ग़ैर-आय विशेषताओं में भी भारी अन्तर पाए जाते हैं। जिस व्यवस्था में आय के वितरणों का ही क्रम निर्धारण करने पर बल दिया जाता है, वहाँ इस प्रकार के कारकों को 'आवश्यकताओं के अन्तर' (Variations of Needs) के व्यापक वर्ग का हिस्सा मानकर आय पर परिभाषित क्षेमफलन के स्वरूप-विशेष की रचना में अन्तर लाकर विश्लेषण में शामिल किया जा सकता है।

अचिह्नित विशेष लक्षणों में अन्तर

ऐतिहासिक दृष्टि से वैयक्तिक क्षेम तथा आवश्यकताओं की तुलना की समस्या का सम्बन्ध प्रत्यक्षतः स्पष्ट लक्षणों से नहीं रहा, अर्थात् इस विषय में किसी को

कोई सन्देह नहीं रहा कि अपंगताग्रस्त बीमार व्यक्ति की आवश्यकताएं विशेष अथवा अधिक हो सकती हैं। सही मतभेद तो उन अस्पष्ट लक्षणों को लेकर पैदा हुए हैं जिन्हें हम पूरी तरह से पहचान नहीं पाते, फिर भी जिनके कारण लोगों की आवश्यकताओं और क्षेम के स्तरों में अन्तर आ जाते हैं। वैयक्तिक तुलनाओं के सम्बन्ध में अपने आलोचनात्मक निबन्ध में रोबिन्स ने सर हेनरी मेन (Sir Henry Maine) के हवाले से एक ब्राह्मण और एक बैन्थमाईट (Benthamite) से जुड़ी कहानी उद्धृत की है। ब्राह्मण निरन्तर यही आग्रह करता रहा कि उसकी प्रसन्न हो पाने की 'क्षमता' उस अस्पृश्य से दस गुना अधिक है। इस बात को लेकर रोबिन्स को लगा 'भले ही हम सभी लोगों को संतुष्टि प्राप्त करने की योग्यता की दृष्टि से एक समान मानते रहें–पर यदि वे व्यक्ति अपनी संतुष्टि प्राप्ति क्षमता का आकलन किसी सामाजिक क्रमबद्धता (वर्ण व्यवस्था) के आधार पर करना चाहते हैं तो फिर हमारे और उनके बीच का यह मतभेद सामाजिक विवेचना के अन्य क्षेत्रों में उपलब्ध विवेचन विधियों के प्रयोग द्वारा सुलझा पाना सम्भव नहीं रहता।'

इस प्रकार की तर्क में दो प्रकार के तत्त्व हैं। एक तो बात वैयक्तिक तुलनाओं की आधारभूत 'असम्भवता' से जुड़ी है। अपने मत के समर्थन में रोबिन्स ने जेवन्स का सहारा कुछ इस प्रकार लिया है। मुझे कोई ऐसा रास्ता नहीं नज़र आता जिसपर चलकर ऐसी तुलनाएँ हो सकें। किसी अन्य व्यक्ति के मस्तिष्क को कोई नहीं समझ पाता तथा अनुभूतियों के साझे मानदण्ड तो हो नहीं सकते। मैं न तो इस विचार में निहित अहंवाद पर चर्चा करना चाहता हूँ और न ही मेन और रोबिन्स को समझ में न आ सकने वाले प्राच्य मस्तिष्क की दुरूहता की व्याख्या कर रहा हूँ। सामाजिक मूल्यांकन की दृष्टि से बर्नार्ड विलियम्स (Bernard Williams) द्वारा चर्चित सभी मानवों की 'सांझी मानवता' (Common Humanity) के विचार की उपादेयता का आकलन भी मेरा ध्येय नहीं है। हमारे विश्लेषण में हम क्षेम की वैयक्तिक तुलनाओं की व्याख्या इस प्रकार करते रहे हैं कि कोई व्यक्ति *A* व्यक्ति की अवस्था में होना चाहेगा अथवा *B* की अवस्था में। इस रूप में अनुभूतियों के सांझे मानदण्ड का निर्धारण बहुत कठिन नहीं होगा, इस विषय में व्यवस्थित रूप में चिन्तन कर पाना सहज संभव हो सकता है। दूसरा तार्किक तत्व यह है कि मेन का जो ब्राह्मण दस गुना अधिक आनंद भोगने का दावा कर रहा था, यदि सचमुच में ही उसका दावा ठीक हो तो फिर दो प्रकार के प्रश्न उठ सकते हैं : (i) वह दस गुना आनंद उठाने योग्य क्यों है, तथा (ii) इस के क्या परिणाम होंगे। दूसरे प्रश्न के सन्दर्भ में मैं कह सकता हूँ कि ब्राह्मण की दस गुना क्षमता का अर्थ होगा कि आप के प्रत्येक स्तर पर उसे 'अछूत' से दस गुना क्षेम की प्राप्ति होगी। फिर हमारी मृदु समता सूक्ति का आग्रह होगा कि ब्राह्मण की आय कम होनी चाहिए। मेन का ब्राह्मण इस प्रकार का दावा करके भी सिर्फ इसलिए बच निकला कि रोबिन्स महाशय अपने उपयोगितावादी

विपक्षियों के करारा जवाब देने की चिन्ता में व्यस्त थे–अगर वे आय का निर्धारण कर रहे होते तो ब्राह्मण देवता इतना बड़ा दावा करके सहज ही नहीं बच पाते।

सम्भावित (प्रायिकतावादी) समतावाद

उपयोगितावादी परिवेश में ही व्यक्तियों के उपयोगिता फलनों के अन्तरों को स्वीकार करने के बाद भी कुछ प्रश्न उठाए जा सकते हैं। एक ब्राह्मण में अछूत की अपेक्षा अधिक आनंद भोगने की क्षमता की सम्भावना क्यों हो सकती है ? यदि वास्तविकता एकदम विपरीत हो तो इसका क्या परिणाम होगा ? अब्बा पी. लर्नर (Abba P. Lerner) ने समाजवादी व्यवस्था की वितरण समस्याओं के विवेचन में इसी प्रकार के प्रश्नों का विवेचन किया है। उनका आग्रह है कि इस प्रकार की समस्याओं का सही हल केवल एक है : आय का बराबर बँटवारा ! कई बार लर्नर के इस निष्कर्ष की रचना एवं कार्यविधि को लेकर प्रश्न उठाए गए हैं। आइए, हम उनके विचारों को सुव्यवस्थित रूप में निबद्ध करने का प्रयास करें। यह कोई बहुत कठिन कार्य नहीं है। हमारा ध्येय तो वस्तुतः लर्नर के विचार को उपयोगितावादी विचार तन्त्र से मुक्त कराना भी है, जिस पर हमें कई प्रकार की आपत्तियाँ रही हैं। अतः हम ऐसा वैचारिक तन्त्र निर्मित कर रहे हैं जो केवल उपयोगितावादी ही नहीं, अन्य विश्लेषणात्मक व्यवस्थाओं के भी अनुरूप रहे। इस प्रकार का सामान्यीकरण (व्यापक स्वरूप संरचना) सम्भव है।

मान्यता 4.1 : (स्थिर समग्र आय–Total Income Fixity)

'*n*' व्यक्तियों में बाँटने के लिए हमारे पास एक निश्चित आय है–y^*. इसलिए $y_1+\ldots+y_n=y^*$

मान्यता 4.2 : (सामूहिक क्षेमफलन की अवनतोदरता—Concavity of the Group Welfare Function)

सामूहिक क्षेमफलन W व्यक्तियों के क्षेम स्तरों का एक सममित वृद्धिमान फलन है–अर्थात् $W(U_1 \ldots U_n)$ अवनोतदर है।

मान्यता 4.3 : (वैयक्तिक क्षेमफलनों की अवनतोदरता–Concavity of the Individual Welfare Functions)

प्रत्येक व्यक्ति का एक क्षेमफलन है और ये सभी अवनतोदर हैं। इस प्रकार हमारे पास $U^1(y) \ldots U^n(y) \ldots$ अर्थात् अवनतोदर क्षेमफलन होंगे।

मान्यता 4.4 : (सम-प्रायिकता–Equi-probability)

यदि व्यक्ति i का क्षेमफलन U^j होने की प्रायिकता p^j_i है तो प्रत्येक j के लिए $p^j_i = p^j_h$–यह बात प्रत्येक व्यक्ति i, h पर लागू होगी।

प्रमेय-4

उपर्युक्त मान्यताएँ–1, 2, 3 एवं 4 के वैध होने पर सामाजिक क्षेम की गणितीय प्रत्याशा (Mathematical Expectation) उसी समय सर्वाधिक होती है जबकि आय का बँटवारा बराबर-बराबर किया जाए।

फलन W की सममिति के कारण हम सामाजिक क्षेम फलन $W=F(y^1...y^n)$ की रचना कर सकेंगे जिसमें y^j द्वारा j वीं क्षेम फलनवाले व्यक्ति की आय दिखाई जा रही हो। इस प्रकार किसी आय के वितरण $(y_1...y_n)$ की पुनः क्रमिकता $(y^1...y^n)$ यही बताती है कि उस समूह के व्यक्तियों के लिए स्वरूप विशेष वाली क्षेमफलनें निश्चित कर दी गई हैं। किसी वितरण सदिश y के लिए इस प्रकार की n ! पुनः क्रमिकताएँ हो सकती हैं जिन्हें हम $\breve{y}(k), k+1...n$! द्वारा दर्शा सकते हैं। प्रत्येक k के लिए क्षेम स्तर का निश्चित मान $F[\breve{y}(k)]$ होगा। हमारी मान्यता 4.4 का अभिप्राय है कि प्रत्येक संभाविता की प्रायिकता समान रहती है अतः सामाजिक क्षेमफलन की गणितीय प्रत्याशा E होगी :

$$E(y) = \frac{1}{n!} \Sigma_{k=1}^{n!} F(\breve{y}(k)) \tag{4.1}$$

यदि x एक सम वितरण सदिश हो, अर्थात् $x_1=x_2...x_n$ तो फिर

$$E(x) = F(x) \tag{4.2}$$

फिर तो मान्यता 4.1 के अनुसार

$$x = \frac{1}{n!} \Sigma_{k=1}^{n!} \breve{y}(k) \tag{4.3}$$

हमारी मान्यताओं 4.2 तथा 4.3 ने क्षेमफलनों $F(.)$ को अवनतोदर माना है। अतः समीकरणों (4.1), (4.2) तथा (4.3) के अनुसार तो

$$E(y) \leq E(x) \tag{4.4}$$

सत्य होना चाहिए।

समीकरण (4.4) सभी y के लिए मान्य और वैध है। अतः प्रमेय 4.1 सत्य होनी चाहिए।

यह ध्यान देने योग्य बात है कि इस प्रमेय पर मिल्टन फ्रीडमैन (Milton Friedman) द्वारा लर्नर की सामाजिक क्षेम फलन की आलोचना भी मान्य नहीं होती : कल्पना करें कि संयुक्त राज्य अमेरिका में 100 व्यक्ति अन्य सभी से बहुत ही कुशल आनंद पा सकने वाले 'यन्त्र' (Pleasure machines) हैं–कुछ ऐसे कि इनसे (एकदम) निचले दक्षता स्तर वालों की अपेक्षा इन्हें दस गुणा अधिक आय देकर ही समग्र उपयोगिता को अधिकतम किया जा सकता है। क्या लर्नर ऐसे आय के वितरण को उपयुक्ततम मान पाएंगे ?

पर लर्नर को इससे सहमत होने की आवश्यकता ही नहीं है। वे तो मृदु समता सूक्ति की अनुपालन अवनोतदर क्षेमफलनों के वर्ग तक सीमित रहकर अपने सामाजिक क्षेमफलन का निरूपण कर सकते हैं। इस वर्ग के क्षेमफलनों में तो फ्रीडमैन की सम्भावना पैदा ही नहीं हो पाएगी–वस्तुतः अधिक दक्ष आनंद भोगी मशीनों को कम आय देने की व्यवस्था ही हो पाएगी। फिर भी अन्य जानकारियों के प्रति अज्ञान की दशा में समान वितरण ही उपयुक्ततम रहेगा ! लर्नर के प्रायिकतावादी समतावाद को उपयोगितावादी विश्लेषण का सहारा लेने की जरूरत ही नहीं है–यद्यपि, उपयोगितावादी परिवेश में भी हमारी प्रमेय-4 में चर्चित विधि पूरी तरह से मान्य रहती है।

'न्यूनतम का अधिकतमीकरण' समतावाद

सम-प्रायिकता की मान्यता की बहुत तीखी आलोचना हुई है। सचमुच यह तर्क दिया जा सकता है कि 'किसकी उपयोगिता फलन कौन-सी है'–यह नहीं जान पाना और 'सभी सम्भव दत्तकार्य (Assignments) की सम्भावना एक समान है' इन दोनों बातों में बहुत अन्तर हैं। सम्भवतः हमारी मान्यता 4.4 से कहीं अधिक उपयोगी यह मान्यता रहेगी :

मान्यता 4.4[1] : सांझी क्षेमफलनों का समुच्चय (Shared Set of Welfare Functions)

किसी भी व्यक्ति i तथा उपयोगिता फलन j पर विचार करें। यह सम्भव रहता है कि j द्वारा निर्दिष्ट उपयोगिता फलन व्यक्ति i की हो।

यहाँ प्रायिकता के विषय में कुछ भी नहीं कहा गया। अतः गणितीय प्रत्याशा

---

1. न्यूनतम को अधिकतम करने का विचार Theory of games से लिया गया है। वहाँ Maximin की नीति का अर्थ होता है कि 'न्यूनतम' हितलाभ देने वाले विकल्पों में से जहाँ सबसे अधिक प्राप्ति होती हो इसी का चयन किया जाए।

का आकलन तो सम्भव ही नहीं रहा। किन्तु कुछ अन्य कसौटियों का प्रयोग हो सकता है। इनमें सर्वप्रमुख है न्यूनतम सामाजिक क्षेम स्तर को 'अधिकतम' करने (Maximin) की नीति। किन्तु प्रत्येक दत्तकार्य से जुड़े न्यूनतम स्तर की विद्यमानता सुनिश्चित करने के लिए एक अतिरिक्त मान्यता की आवश्यकता पड़ेगी। हम इस निमित्त एक साधारण-सी 'अनिवार्यता' निश्चित करते हैं—यद्यपि यह अनिवार्यता भी अनावश्यक रूप से 'कठोर' प्रतीत हो सकती है।

मान्यता 4.5 : वैयक्तिक क्षेमफलनों की परिबद्धता (Bounded Individual Welfare Functions)

प्रत्येक व्यक्तिगत क्षेमफलन U की न्यूनतम परिबद्धता विद्यमान हैं।

अब न्यूनतम के अधिकतमीकरण की नीति से किस प्रकार का आय आबंटन सुझाया जा सकेगा ? यहाँ भी वही समान आबंटन उपयुक्त सिद्ध होगा—जैसा उपयोगितावाद के सन्दर्भ में हुआ था। यही नहीं, इस निष्कर्ष को भी सभी अवनतोदर सामूहिक क्षेमफलनों पर मान्य बनाया जा सकता है। वस्तुतः यह निष्कर्ष तो सभी अर्द्ध-अवनतोदर (Quasi-concave) फलनों पर भी व्यवहार्य हो सकते हैं।

प्रमेय-4.2

मान्यताओं 1,2,3,4 तथा 5 के आधार पर सामाजिक क्षेम के लिए उचित न्यूनतम के अधिकतमीकरण की नीति आय का समान रूप में बँटवारा करना ही है।

$k=1...n$! से जुड़े $\breve{y}(x)$ समुच्चय पर ग़ौर करें। F अर्द्ध-अवनतोदर है तथा x इन सभी $\breve{y}(k)$ की ही एक भारित औसत है। अतः

$$F(x) \geq Min_k F(\vec{y}(k)) \qquad (4.5)$$

यही हमारे प्रमेय की प्रस्थापना है, क्योंकि x एक समान वितरण है और $F(x)$ व्यक्तियों के क्षेमफलनों के वैयक्तिक क्रमचयों के बीच अपरिवर्तित रहता है। अतः न केवल अन्य जानकारी नहीं होने की अवस्था में ही गणितीय प्रत्याशा को अधिकतम करने की अवस्था में समप्रायिकता की मान्यता के आधार पर ही नहीं, बल्कि सापेक्ष प्रायिकता वितरण से स्वतन्त्र न्यूनतम के अधिकतमीकरण की रणनीति के लिए भी समान वितरण ही उपयुक्ततम वितरण सिद्ध होता है। अनेक लोगों को विरोधाभासों में बहुत मज़ा आता है। उन्हें शायद यह बात कुछ ज्यादा ही रुचिकर लगे कि न्यूनतम के अधिकतमीकरण की अत्यन्त रूढ़िवादी नीति भी आय के वितरण में पूर्ण समानता जैसे क्रान्तिकारी सुझावों का आधार बन सकती है—पर इस विरोधाभास को इतना रसीला भी नहीं मान लेना चाहिए।

अतः प्रतीत होता है कि सापेक्ष आवश्यकताओं एवं वैयक्तिक क्षेम फलनों के विषय में जानकारी का अभाव होने पर समतावाद ही सबसे उपयुक्त हो सकता है—इसके लिए सभी के क्षेमफलन का निश्चित रूप से समान होना भी आवश्यक नहीं। प्रमेय 4.1 तथा 4.2 के निष्कर्षों की, क्षेमफलनों में पहचाने गए अन्तरों से जुड़ी हमारी टिप्पणियों से तुलना करके देखिए—विशेषकर अपंगताग्रस्त व्यक्ति की दशा से जुड़ी बातों पर एक बार फिर ग़ौर करके देखें। यदि हम जरूरतों की विषमता के विषय में सुनिश्चित हों तभी यह कह सकते हैं कि आय का वितरण भी विषमतापूर्ण होना चाहिए—वहाँ मृदु समता सूक्ति आदि अनिवार्यताएँ उपयुक्त तार्किक आधार प्रदान कर देती हैं। किन्तु यदि सापेक्ष आवश्यकताओं के विषय में हम सुनिश्चित न हों तो फिर यह सूक्तियाँ आदि समतापूर्ण आय वितरण से हट कर कुछ भी करने का उपयुक्त आधार नहीं बना पातीं। लर्नर की इस दिशा में की गई पहल की ये दो और व्यापक व्याख्याएं हमें लर्नर के समतापूर्ण निष्कर्षों को मृदु समता सूक्ति आदि अनिवार्यताओं से जोड़ने में सहायक हो जाती है।

आवश्यकता का नियम बनाम काम का नियम

मैंने इस अध्याय से पहले भी आवश्यकतानुसार वितरण के नियम की पात्रता के अनुसार वितरण तुलना की बात की थी। सामान्यतः पात्रता की बात किए गए काम के सन्दर्भ में होती है। मार्क्सीय शोषण का विचार 'मूल्य-आधिक्य' (Surplus Value) की संकल्पना पर आधारित है। यह आधिक्य किसी व्यक्ति के श्रम द्वारा हुए उत्पादन के मूल्य एवं उसे मिली मजदूरी का अन्तर ही होता है। यह अन्तर श्रमिक की झोली की बजाय किसी और की तिजोरी में जाना ही शोषण है। अपने सामान्य स्वरूप में तो यह विचार श्रमिकों की आवश्यकताओं का आकलन कर उनके अनुसार वितरण की बात से मेल नहीं खाता—यहाँ तो स्पष्टतः पात्रता—जोकि किए गए काम पर आधारित है—की झलक ही मिलती है।

यद्यपि मार्क्सवादी अर्थशास्त्र में 'शोषण' शब्द का निरन्तर प्रयोग हुआ है तथा शोषण को एक अत्यन्त महत्त्वपूर्ण अवधारणा माना गया है, यह मान लेना उचित नहीं होगा कि उनका वितरण विवेचन केवल पात्रतानुसार ही हुआ होगा—आवश्यकता एवं पात्रता का भेद मार्क्स को भी स्पष्ट था। उन्होंने ही इनके भेद को अत्यन्त स्पष्ट निरूपण प्रदान करते हुए आवश्यकता नियम की श्रेष्ठता का प्रतिपादन किया था। उन्होंने अपनी रचना 'गोथा के कार्यक्रम की विवेचना' (Gotha Programme) में जर्मन श्रमिक दल को इन दोनों विचारों में भ्रमित होने को लेकर आड़े हाथों लिया था। उन्होंने स्पष्ट किया था कि गोथा का 'श्रमिकों को श्रम का सम्पूर्ण प्रतिफल दिए जाने का नियम' 'समाज के सभी सदस्यों के सामाजिक उत्पादन पर समान अधिकार के नियम' से मेल नहीं खाता। मार्क्स ने इन दो विचारों को समाजवाद के दो

अलग-अलग सोपानों से सम्बद्ध किया था। यही विश्लेषण समाजवाद से जुड़ी अनेक रचनाओं का उद्गम बिन्दु रहा है। संसाधनों के उपयुक्ततम वितरण के सन्दर्भ में वार-बार यही वातें उठाई जाती हैं, इसी कारण मैं मार्क्स के विचारों को कुछ विस्तार से उद्धृत करना उपयोगी समझता हूँ :

"यहाँ हम एक साम्यवादी समाज की चर्चा कर रहे हैं। यह समाज व्यवस्था अपने निजीकरण पर विकसित नहीं हुई है, इसका आविर्भाव एक पूँजीवादी व्यवस्था के मध्य से हुआ है। इसी कारण इसके आर्थिक, नैतिक एवं बौद्धिक, प्रत्येक आयाम पर इसकी जन्मदात्री पुरानी व्यवस्था की छाप मौजूद है। अतः प्रत्येक उत्पादक को कुछ कटौतियों के बाद समाज से वही कुछ वापस मिल जाता है जो कुछ उसने समाज को दिया होता है। समाज उसे उस द्वारा समर्पित श्रम योगदान का प्रमाणपत्र प्रदान करता है। उस प्रमाणपत्र के आधार पर वह समाज के उपभोग्य भण्डार से उतने ही मूल्य के पदार्थ पाने का अधिकारी बन जाता है।

इस प्रकार यहाँ भी 'समान अधिकार' एक प्रकार का 'बुर्जुआ अधिकार' ही है। यद्यपि यहाँ सिद्धान्त एवं व्यवहार में टकराव तो नहीं होता, फिर भी वस्तु विनिमय में समतुल्यों का आदान-प्रदान औसत रूप से ही सटीक रहता है, प्रत्येक व्यक्ति के लिए व्यक्तिशः रूप से नहीं।

इतनी प्रगति के बाद 'समान अधिकार' पर 'बुर्जुआ' या त्रुटिपूर्ण होने का ठप्पा तो लगा ही रहता है। उत्पादक का अधिकार उनके प्रदान किए गए श्रम के अनुपात में ही रहता है। यहाँ समता का सार इसी में है कि मापन एक 'समान मानक' अर्थात् श्रम की इकाईयों में हुआ है।

किन्तु व्यक्तियों की शारीरिक एवं बौद्धिक क्षमताएं तो एक समान नहीं होती। अच्छे शारीरिक सौष्ठव से सम्पन्न व्यक्ति अधिक कुशलता से उतने ही समय में ज्यादा काम कर सकता है, अथवा अधिक समय तक काम करते रह सकता है। अतः श्रम की इकाईयों में मापन के लिए तो इसे गहनता के स्तर एवं समय अवधि आदि के आधार पर ही निरूपित किया जाना चाहिए, अन्यथा इसे मापन के मानक के रूप में प्रयोग कर पाना सरल नहीं होगा। इस दृष्टि से उपर्युक्त समान अधिकार का विचार तो 'अ-समान श्रम' के बदले में 'अ-समान अधिकार' का स्वरूप धारण कर लेता है। यह किसी प्रकार के वर्गभेद को स्वीकार नहीं करता क्योंकि सभी व्यक्ति अन्य लोगों की ही भाँति 'श्रमिक' होते हैं। किन्तु फिर भी निहित रूप से इसमें व्यक्तियों की क्षमता में प्राकृतिक रूप से अन्तर होने की सम्भावना स्वीकार की जाती है। उसी से उत्पादिता स्तरों में भिन्नता भी स्वाभाविक मान ली जाती है। *अतः यह तो, अन्य सभी अधिकारों की ही भाँति, अपने सार-सत्त्व की दृष्टि से 'विषमता का अधिकार' ही बन जाता है।* अधिकार का एकमात्र अर्थ समान मानदण्डों के प्रयोग में निहित

रह जाता है। पर व्यक्ति बहुत ही वैविध्यपूर्ण होते हैं—उसी कारण उनका अलग अस्तित्व अथवा पहचान भी बनती है। अतः किसी सुनिश्चित स्वरूप में उन सबको एक ही दृष्टिकोण के अन्तर्गत लाकर ही उनका समान मानदण्डों के अनुसार मापन (मूल्यांकन) हो पाएगा। यहाँ उन सभी को केवल श्रमिक माना जा रहा है। यही उनकी एक सांझी पहचान मानी गई है, अन्य सभी बातों को नज़र-अन्दाज़ कर दिया गया है।

किन्तु साम्यवादी समाज की प्रारम्भिक अवस्था में इस प्रकार की बातों से बचा नहीं जा सकता—क्योंकि इसका जन्म बड़े लम्बे समय तक चली पूँजीवादी 'प्रसव पीड़ा' के बाद ही सम्भव हुआ होता है।

साम्यवादी व्यवस्था के किसी उच्च सोपान में, प्रत्येक व्यक्ति को श्रम विभाजन की गुलामी में जकड़ लेने के बाद जब बौद्धिक, शारीरिक श्रम का भेद समाप्त हो जाएगा, जब श्रम जीवन-यापन का माध्यम नहीं, उसकी आधारभूत आवश्यकता भी बन जाएगी, जब उत्पादन शक्तियाँ व्यक्ति के सर्वांगीण विकास के कारण बहुत बढ़ जाएंगी और सांझी सम्पत्ति का प्रवाह बहुत गहन हो जाएगा, तभी इन बुर्जुआ अधिकारों के संकुचित क्षितिज से पूरी तरह पार जाकर समाज अपना ध्वज फहरा सकेगा, जिस पर अंकित होगा, प्रत्येक से उसकी योग्यता के अनुसार एवं प्रत्येक को उसकी आवश्यकता के अनुरूप (From each according to his ability, to each according to his needs.)[1]

मार्क्स द्वारा इस प्रकार जिन दो नियमों की तुलना की गई है वे नियम आय के वितरण के मूल्यांकन की दो विधियों से जुड़े हैं। शोषण का विश्लेषण तो 'पात्रता' के सन्दर्भ में ही होता है, किन्तु समता के विश्लेषण में बुर्जुआ अधिकारों के संकुचित क्षितिज के पार जाकर आवश्यकताओं के विचार पर ही ध्यान देने की बात उठी है। इन अलग-अलग वितरण सम्बन्धी संकल्पनाओं का अनुसरण करने वाली समाजवादी व्यवस्थाओं के ऐतिहासिक क्रम को समाजवादी विकास का मानक सिद्धान्त मानकर इसे 'विवेचनातीत'-सा ही मान लिया गया। वस्तुतः चीन में साम्यवादी क्रान्ति के प्रारम्भिक दौर में ही आवश्यकता पर आधारित स्थानीय मण्डल व्यवस्था (Commune) की स्थापना के प्रयास के दौरान ही इस पर पुनः विचार सम्भव हो पाया। हम चीन में इस विषय पर हुए विचार-मन्थन की समीक्षा कुछ ठहर कर करेंगे। अभी तो हम इन सबके संसाधनों के उपयुक्त विभाजन से जुड़े साहित्य पर पड़े प्रभावों का आकलन कर रहे हैं।

---

1. मार्क्स (1875), पृ. 21-23.

लांगे-लर्नर व्यवस्था

उपयुक्त विभाजन पर अधिकांश रचनाएं पैरेटो-कुशलता से जुड़ी रही हैं। इसी कारण उनमें आय के वितरण पर कोई विचार नहीं हुआ। विकेन्द्रीकृत संसाधन विभाजन से जुड़ी दो रचनाएं, जिनमें स्पष्टतः आय के समुचित वितरण की समस्याओं को भी स्पष्ट रूप में सम्मिलित किया गया है, ऑस्कर लांगे एवं अब्बा. पी. लर्नर (Oscar Lange and Abba P. Lerner) की देन हैं। इन्होंने मार्क्स द्वारा बताए गए दो नियमों के टकराव की समस्या का क्या निदान किया ?

लांगे ने इन दो बातों की संतुष्टि के बीच 'टकराव' की स्थिति पर विचार किया है : (i) सापेक्ष आवश्यकतानुसार आबंटन–अर्थात् आबंटन इस प्रकार होना चाहिए कि प्रत्येक उपभोक्ता द्वारा जिस समान कीमत पर वस्तु की ख़रीदारी हो रही हो, वह कीमत उनकी आवश्यकताओं की समान 'गहनता' को परिलक्षित करे, तथा (ii) दक्षता की शर्त कुछ इस प्रकार निर्धारित हो कि किसी भी व्यवसाय से प्राप्त सीमान्त उत्पादिता को उस व्यवसाय में कार्य करने के कारण हुई सीमान्त अनुपयोगिता (अथवा असुविधा) के साथ समीकृत किया जा सके। पर लांगे का विचार था कि दोनों नियमों के बीच का टकराव वस्तुतः 'सतही' ही होगा। पहले नियम के अनुसार जरूरतें समान होने पर आय का समान होना अनिवार्य होगा–किन्तु दूसरा नियम भी समान आय का ही सुझाव देता है क्योंकि किसी भी व्यवसाय की अनुपयोगिता को उसकी 'अवसर लागत' (Opportunity Cost) माना जा सकता है। ऐसा लगता है, लांगे शिक्षा एवं प्रशिक्षण के अवसरों की समानता मानकर चल रहे थे–उन्हीं के आधार पर व्यक्तियों की योग्यता एवं उत्पादन क्षमता के अधिकांश भाग की व्याख्या भी प्रायः हो ही जाती है। जहाँ तक किन्हीं विशेष अथवा विलक्षण प्रतिभाओं का प्रश्न है, उन्हें एक 'प्राकृतिक एकाधिकारी' (Natural monopoly) की भाँति मानकर लांगे चाहते थे कि उनको, आपूर्ति पर दुष्प्रभाव डाले बिना भी, उनकी सेवाओं की सीमान्त उत्पादिता से बहुत कम आय प्रदान की जाए।

यह मुद्दा किसी सीमा तक महत्त्वपूर्ण हो सकता है, इसी अध्याय के अन्त में हम इस बारे में फिर बातचीत करेंगे, पर इस बात में कोई सन्देह नहीं रहता कि लांगे वितरण की अति जटिल समस्या का अति सरलीकरण-सा कर रहे थे। मौरिस डौब (Maurice Dobb) ने बाजार समाजवाद की आलोचना करते हुए पहले ही बता दिया था कि किसी भी बाजार साम्य (Equilibrium) में सापेक्ष दुर्लभता (Relative Scarcity) का बहुत योगदान होता है और बाजार की किसी भी मूल्यांकन व्यवस्था में लागतों एवं जरूरतों पर एक साथ विचार नहीं हो पाता। लांगे ने डौब के इस विचार को कि इन शर्तों में टकराव बना रहता है, बड़े तपाक से नकारने का प्रयास किया है–किन्तु उनका बाजार साम्य इन मान्यताओं पर आश्रित प्रतीत होता है :

(i) अल्पकालिक दुर्लभता का अभाव; (ii) समाज में चयन पद्धति सहित शिक्षण-प्रशिक्षण के अवसरों की पूर्ण समता, (iii) शिक्षा व्यवस्था में अविभाजिताओं (Indivisibilities) का पूर्ण लोप; तथा (iv) प्राकृतिक योग्यताओं के लिए किसी भी प्रकार के 'लगान' (अतिरिक्त पारिश्रमिक) से बच पाने में सफलता। उन्होंने अधिक लगन पूर्वक कार्य करने के लिए प्रेरणाओं या लालच की बात की भी अनदेखी कर दी थी–(वैसे मार्क्स भी इस विषय में कुछ चिन्तित ही रहे थे)।

लर्नर इन बातों को लेकर कुछ कम आश्वस्त प्रतीत होते हैं। उनका मत है कि समता के नियम को समस्त वितरण योग्य आय को बढ़ा सकने में समर्थ प्रेरणाओं के साथ कुछ-न-कुछ समझौता अवश्य करना पड़ेगा। पर यह समझौता कहाँ या किस स्तर पर होगा ? समाजवादी आयोजन में दक्षता एवं समता में टकराव के निदान से जुड़ी अत्यन्त महत्त्वपूर्ण समस्याओं में इस समझौते की सीमाओं का निर्धारण भी सम्मिलित रहता है।

अनेक बार यह प्रश्न भी उठाया गया है कि क्या कराधान की उपयुक्त नीतियों द्वारा इस समस्या का समाधान हो सकता है ? विशेष रूप से इस बात पर बल दिया गया है कि क्या कर-पूर्व आय को दक्षता के अनुरूप परंतु कर-पश्चात् आय आवश्यकतानुरूप कर पाना सम्भव होगा ? इस प्रश्न का उत्तर बड़ा स्पष्ट है–हाँ, यह सम्भव होगा–परन्तु इससे तुरन्त ही यह प्रश्न उठ खड़ा होगा कि लोग अपने मेहनत करने और आराम को कम करने के निर्णय कर-पश्चात् की अपेक्षा कर-पूर्व आय के आधार पर क्यों लेंगे ? जब उन्हें कर-पश्चात् आय ही उपयोग के लिए उपलब्ध होनी है तो कर-पूर्व अधिक आय के धोखे में उनका फँस पाना अस्वाभाविक ही लगता है। अतः अब विवाद कर-पश्चात् आय की विषमताओं पर केन्द्रित हो रहता है।

इसी अनुभूति से ऐसे कर की तलाश आरम्भ हुई जिसके कारण किसी प्रकार की 'विकृति' न आए। पर क्या ऐसा कोई जन्तु होता भी है ? सिद्धान्ततः लगा कि शायद 'एकमुश्त कर'[1] (Lumpsum Tax) काम कर जाए। यह कर लोगों की आय, काम-व्यय, उपभोग, बचत आदि सभी उन बातों से अप्रभावित रहता है जिन पर व्यक्ति का अपना बस चलता है। इसी से यह मान लिया गया कि इस प्रकार के 'एक मुश्त कर' संसाधनों के विभाजन को विकृत नहीं कर पाएँगे। पर क्या यह एक परीकथा है ? इसका विवेचन करने के लिए हम ज़रा लम्बे रास्ते का अनुसरण कर रहे हैं। मार्ग में ही यह भी देख लेते हैं कि आयकर के साथ कहाँ क्या गड़बड़ हो जाती है।

---

1. यह लोक वित्त सिद्धान्तों में चर्चित बहुत पुरानी समस्या है। व्यक्ति कर (Poll Tax) का भी इसी दृष्टि से बहुत मूल्यांकन हुआ है। समाजवादी संसाधन विभाजन एवं आय-आवंटन के सन्दर्भ में भी इसकी उपादेयता पर चर्चा हुई है।

आयकर

आइए, केवल एक समरूप समर्पित वस्तु—आय—से सम्बद्ध एक सरल प्रतिमान पर ग़ौर करें।

इस प्रतिमान में प्रयुक्त चिह्न इस प्रकार हैं :

$y_i\ (t)$ = कर व्यवस्था *'t'* के अन्तर्गत व्यक्ति *i* की कर-पूर्व आय
$y_i\ (o)$ = करहीन व्यवस्था में व्यक्ति *i* की आय
$y_i^*\ (t)$ = व्यक्ति *i* की कर-पश्चात् आय

लांगे-लर्नर द्वारा कल्पित अवस्था, जिसमें बाह्यताएँ (Externalities) तथा वृद्धिमान प्रतिफलों (Increasing Returns) जैसी बातें नहीं होतीं, में $y_i(o)$ प्रत्येक व्यक्ति के संसाधनों की सीमान्त उत्पादिता के योगदान के समान ही होगी। करों एवं सहाय्यों (Subsidies) की उपस्थिति के कारण व्यक्ति के काम करने आराम करने, आदि के निर्णयों पर कुछ-न-कुछ प्रभाव अवश्य पड़ता है, अतः कर पूर्व आय $y_i(t)$ द्वारा निर्दिष्ट साम्य $Y_i(o)$ से भिन्न होगी। इसका कारण यही है कि करों और सहाय्यों के कारण प्रतिफल निर्धारण व्यवस्था दूषित हो जाती है। दूसरी ओर, $y_i^*\ (t)$ द्वारा निर्धारित कर-पश्चात् आय आयोजन व्यवस्था में प्रयुक्त आवश्यकताओं के मूल्यांकन एवं अन्य वितरण सम्बन्धी मानदण्डों की परिचायक है।

कल्पना करो कि श्रमिक *i* की एक इकाई कार्य से हुई सीमान्त आय w_i है। इसे वह सीमान्त स्तर पर α_i द्वारा निर्दिष्ट कष्ट या असुविधा से समीकृत करता है। मान लो कि यह श्रमिक किसी अन्य व्यक्ति को मिल रही एक इकाई आय को βi के समतुल्य मानता है। एक कर-विहीन व्यवस्था में श्रमिक केवल उसी सीमा तक प्रयास करेगा कि

$$wi = \alpha i \quad (4.6)$$

किन्तु यदि आयकर की दर 't' प्रति आय इकाई हो, तथा $0<t01$ तो फिर

$$w_i\ [(1-t) + t\beta_i] = \alpha_i \quad (4.7)$$

ये समीकरण (4.6) तथा (4.7) तभी परस्पर समान होंगे जबकि :

$$\text{या तो } \alpha_i = 0 \text{ या फिर } \beta_i = 1 \quad (4.8)$$

इन शर्तों का अभिप्राय यह है : (i) व्यक्ति प्रयास करने, पसीना बहाने से, परहेज नहीं करते; तथा (ii) वे अपनी सीमान्त आय और दूसरों की सीमान्त आय के बीच कोई भेद नहीं करते—अर्थात् दोनों के मूल्यांकन समान रूप से करते हैं। आयकर के विकृतिशून्य होने के लिए इन दोनों ही शर्तों का पूरा होना अनिवार्य

रहता है। यदि $\alpha_i > 0$ या $\beta_i < 1$ तो फिर आय कर निश्चित रूप से साधन आबंटन में विकृतियाँ ला सकता है।

एकमुश्त कर

क्या इस विकृति की समस्या से बच पाना सम्भव है ? क्या इस प्रकार के विकृतिकारी प्रभावों से मुक्त कर नहीं हैं ? आइए, एक साधारण-सा उदाहरण देखें जिसमें उसकी समग्र समृद्धि का उसके आय एवं आराम के बीच वरीयताओं पर कोई प्रभाव नहीं पड़ता–हाँ, कार्य के प्रतिफल की दर निश्चित रूप से कार्य सम्बन्धी निर्णयों पर प्रभाव डालेगी।

मान लो कि ऐसे व्यक्ति i को एक निश्चित राशि t_i कर के रूप में चुकानी ही पड़ती है–वह चाहे काम करे, खाए, पिये या नहीं, अतः

$$t_i = [\Sigma_i y_i (0)/n] - y_i (0) \tag{4.9}$$

कर की रकम t_i तो पहले से ही तय है। अतः काम में कमी-बेशी करने का कोई फायदा नहीं होगा। उसके आय-आराम निर्णय समग्र समृद्धि स्तर से अप्रभावित रहते हैं, अतः जहाँ तक काम एवं उत्पादन का प्रश्न है, उनमें भी परिवर्तन नहीं आते। हम t_i द्वारा ही सहाय्यों को भी अभिव्यक्त कर सकते हैं–बस ti का चिन्ह ऋणात्मक करना होगा। किन्तु ये कर आय के वितरण को कार्यानुसार वितरण से परिवर्तित करके उसे आवश्यकतानुरूप वितरण का स्वरूप प्रदान कर देते हैं।

आयोजकों को $y_i (0)$ के उस समुच्चय का पूर्वानुमान करना होगा जिसमें सभी व्यक्तियों की वास्तविक क्षमताओं का पूर्वाकलन भी हो जाता है। यहाँ दो प्रकार की समस्याएँ सामने आती हैं, (i) जानकारी इकट्ठा करने की लागत, तथा (ii) व्यक्ति i द्वारा जानबूझकर आयोजकों को गुमराह करने की कोशिश। पहली समस्या काफी गम्भीर हो सकती है–इसका उपयुक्ततम आबंटन निर्धारण में जानकारी की लागत कम-से-कम रखने के सन्दर्भ में बहुत महत्त्व होता है। लांगे-लर्नर के विकेन्द्रीकृत प्रतिमान में तो बारंबार आकलन करके देखने और इस प्रकार जानकारी के आदान-प्रदान पर ही ध्यान करते हुए 'उपयुक्ततम' स्तर का निर्धारण होता है। यदि समग्र समृद्धि स्तर के प्रति आय-आराम वरीयताओं की असंबद्धता की मान्यता का परित्याग कर दें, तो यह समस्या बहुत ही गम्भीर रूप धारण कर सकती है। अभी भी अगर (4.9) का प्रयोग करते हुए हम $y_i (0)$ को करविहीन अवस्था की आय के बजाय 'एकमुश्त कर-पश्चात्' आय मान लें तो इन करों का स्वरूप विकृतिविहीन बना रह सकता है। समीकरण (4.6) द्वारा निर्दिष्ट सीमान्त साम्य अभी भी बना रहता है। एकमुश्त कर दक्षता की प्राप्ति में बाधक नहीं बनते पर (4.7) और (4.8) की गणना एवं आकलन बहुत जटिल हो जाएँगे, क्योंकि αi अब एकमुश्त कर-पश्चात् आय

पर निर्भर हो जायेंगे।

दूसरी समस्या के कारण होने वाली कठिनाइयाँ भी कम नहीं हैं। प्रत्येक व्यक्ति के हित में होगा कि वह अपनी क्षमता-दक्षता कम बताए और फिर आराम-आराम से काम करे। स्वयं काम कम करके आप उत्पादन में बहुत मामूली-सी कमी का कारण बनते हैं। पूर्ण समता की दशा में इस हरामख़ोरी का अपनी आयकर प्रभाव तो बहुत ही नगण्य-सा रह जाता है। अतः एकमुश्त करों के कारण विकृति का कारण कम काम करना नहीं होता—यहाँ तो लोग आयोजकों को अपनी क्षमता के विषय में ही ग़लत जानकारी देकर कर व्यवस्था को अपने पक्ष में मोड़ने का प्रयास करने लगते हैं। इस कारण भी संसाधन आबंटन में विकृति आ जाती है। यदि एक व्यक्ति *i* आयोजकों को यह विश्वास दिलाने में सफल हो जाए कि उसके वश में कुछ भी कर पाना नहीं है तो एक तरफ तो उस पर लगने वाले कर t_i का परिणाम कम रहेगा, दूसरे, उसे मेहनत भी कम करनी पड़ेगी। इस प्रकार की धोखाधड़ी से तो बारंबार प्रयास एवं परिमार्जन की लांगे-लर्नर पद्धति पर बहुत ही गहरा दुष्प्रभाव पड़ेगा। व्यक्तिगत लाभ के अनुरूप काम करने वाले व्यक्ति सहज ही इस दिशा में प्रेरित हो सकते हैं।

कार्य की प्रेरणाएं

इस सभी समस्याओं का स्रोत कार्य की प्रेरणाओं में ही है। यही कार्ल मार्क्स के लिए भी चिन्ता का विषय था। उन्हें समाजवाद के प्रारम्भिक चरण में तो इन समस्याओं से बचने का कोई मार्ग नहीं सुझाई दिया, क्योंकि समाज और व्यक्ति सभी पुरानी व्यवस्था की आर्थिक, नैतिक और बौद्धिक छाया से अभी बाहर नहीं निकले थे। इसीलिए उन्होंने इस समस्या का समाधान व्यक्ति के सर्वांगीण विकास में ढूँढना चाहा जबकि व्यक्ति केवल गुज़ारा चलाने के लिए श्रम करने की अपेक्षा श्रम करने को अपने जीवन की एक सबसे महत्त्वपूर्ण इच्छा मानने लगेगा। पर यह तो न जाने कब सम्भव हो पाएगा।

सोवियत संघ की मजदूरी व्यवस्था में भी मार्क्स द्वारा समाजवाद के प्रथम सोपान में स्वीकार्य प्रतिफलों एवं प्रेरणा-प्रोत्साहन आदि पाए जाते हैं। कहीं-कहीं अपवाद भी हैं। पर चीन में कृषि के सामुदायीकरण में मार्क्स के उस दिवा-स्वप्न को तत्काल साकार करने की ललक दिखाई देती है। इस सम्बन्ध में कार्य-नियम एवं आवश्यकता-नियम के बीच टकराव के सन्दर्भ में चीन के अनुभवों की व्याख्या-समीक्षा उपयोगी हो सकती है।

चीन में 1958 में आरम्भ की गई 'लम्बी-छलाँग' के दौरान, विशेषकर कृषि में, ग़ैर-भौतिक प्रोत्साहनों पर बहुत ज़ोर दिया गया था। काम के अनुसार वितरित अंश में भारी कटौती कर आवश्यकता के अनुरूप आपूर्ति के आधार पर वितरित

अंश में वृद्धि की गई। कहीं-कहीं तो 80 से 90 प्रतिशत तक हिस्सा 'आपूर्ति अंश' माना गया।

चीन जैसी अर्थव्यवस्था में ग़ैर-कार्य आधार पर भुगतान की व्यवस्था में कई लाभ रह सकते हैं। आर्थिक विकास से जुड़ी रचनाएँ इस बारे में एकमत हैं कि अतिरिक्त श्रम शक्ति के प्रयोग में सबसे बड़ी बाधा तो श्रमिकोपयोगी वस्तुओं (Wage goods) का अभाव ही है। इसी अभाव के कारण लोगों को काम करने में जुटाना सहज नहीं होता। पर एक ग़ैर-मजदूरी व्यवस्था में ऐसे पदार्थों की आपूर्ति में पहले वृद्धि करने की अनिवार्यता नहीं रहती—श्रम को उत्पादन हो चुकने के बाद उसके अपने परिश्रम के फल ही प्रतिदान के रूप में दिए जा सकते हैं। चीन उस समय एक बहुत बड़े पैमाने पर श्रम को जुटाने का कार्यक्रम चला रहा था—उसमें भारी जन समुदाय को एक स्थान से दूसरे स्थान पर पहुँचाकर काम में लगाना भी शामिल था।

दूसरे, चीनी क्रान्ति की अन्तःप्रेरणाओं में तो भौतिक प्रोत्साहनों के प्रति सन्देह ही भरा था—वस्तुतः चीनी चिन्तक सोवियत संघ की प्रेरणा-प्रोत्साहन व्यवस्था के कटु आलोचक भी थे। अतः दार्शनिक एवं अतिरिक्त श्रम शक्ति के प्रभावोत्पादक प्रयोग के धरातलों पर चीन अभौतिक प्रेरणाओं के प्रति सहज उन्मुख हो रहा था। यह लम्बी छलाँग 1958 में लगाई गई !

सन् 1958-60 के दौरान बहुत उत्साह के साथ इस कार्यक्रम को चलाया गया। यह तो सर्वविदित है कि इस आन्दोलन को अनेक समस्याओं का सामना करना पड़ा, पर उन समस्याओं में से कौन-सी प्रोत्साहनों के ग़ैर-भौतिक स्वरूप के कारण पैदा हुई और कौन-सी उस लम्बी छलाँग के अन्य घटक तत्त्वों के कारण, इस बात का विवेचन कर पाना सम्भव नहीं है। हाँ, यह बता देना काफी होगा कि जब यह आन्दोलन समाप्त हुआ तो कार्यानुसार वितरित अंश में भारी वृद्धि की गई और यह भी स्वीकार किया गया कि केवल आवश्यकता को वितरण का आधार (समय से पूर्व) बनाना सफल नहीं हो पाया। पर अभौतिक प्रोत्साहनों को पूरी तरह तिलांजलि नहीं दी गई—बाद में फिर इन्हें बढ़ाने के प्रयास हुए हैं। वस्तुतः चीनी अर्थव्यवस्था की एक विलक्षणता अभौतिक प्रोत्साहनों का अच्छा प्रयोग ही है।

कार्य प्रेरणा की समस्या—एक दाँव-सिद्धान्त निरूपण

मार्क्स की चिन्ता बनी प्रेरणा-प्रोत्साहन समस्या से चीनी प्रयोग का भी वास्ता अवश्य था। यह तो सामूहिक आबंटन व्यवस्था से जुड़ा बहुत ही मौलिक प्रश्न होता है। इस समस्या के तार्किक आधार की हम दाँव सिद्धान्तों (Game-theoretic) में निबद्ध 'अ-शून्य-योग' प्रजाति (Non-Zero-sum variety) के दाँवों के अनुरूप व्याख्या कर सकते हैं। 'बन्दी की द्विविधा' तथा अन्य दाँव प्रतिमानों की तुलना से भी कई महत्त्वपूर्ण आयामों से जुड़ी बहुत अच्छी जानकारी या अन्तर्दृष्टि की प्राप्ति होती है।

वैसे तो पारिवारिक अवस्था को दाँव की तरह समझने का प्रयास भी विचित्र-सा लग सकता है फिर भी विश्लेषणात्मक विभेदों को स्पष्ट कर प्रेरणात्मक अन्तरों को समझने का प्रयास बहुत उपयोगी हो सकता है।

मान लीजिए कि एक सहकारी समिति का सदस्य दो विकल्पों पर विचार कर रहा है : मेहनत करे (I_1) अथवा नहीं करे (I_0)। वह अन्य सदस्यों के बारे में दो मान्यताएँ बनाता है : वे मेहनत करेंगे (R_1) अथवा नहीं करेंगे (R_0)। अब ऐसी व्यवस्था पर विचार करें जहाँ लोग मुख्यतः अपने ही क्षेम के प्रति चिन्तित रहते हैं पर जहाँ लोगों को उनके काम के अनुसार नहीं बल्कि आवश्यकता के अनुरूप भुगतान मिलता है। अब तो हमारे इस व्यक्ति के उपलब्ध संयोजनों को सबसे अच्छा, फिर उससे घटिया...के क्रम में इस प्रकार रखा जा सकता है : I_0R_1, I_1R_1, I_0R_0 तथा I_1R_0। अपने श्रम से आपकी आय में कोई ख़ास वृद्धि नहीं होती क्योंकि वितरण का आधार मेहनत नहीं, आवश्यकता है। अतः काम करने में तो सिर्फ पसीना बहाना होगा। पर इस प्रकार सोचते हुए सभी व्यक्ति मेहनत से जी चुराना शुरू कर सकते हैं–अर्थात् I_0 को I_1 से बेहतर मान सकते हैं। पर साथ ही वे सभी व्यक्तिगत रूप से यह भी चाहते हैं कि अन्य सभी व्यक्ति पूरी मेहनत से काम करते रहें–क्योंकि अगर सभी हरामख़ोरी पर उतर आएं तो उसका परिणाम तो बहुत ही बुरा होगा। फिर भी अपने विवेकशील विवेचन के आधार पर प्रत्येक व्यक्ति मेहनत छोड़ हरामख़ोरी की ओर ही प्रवृत्त होगा अर्थात् प्रत्येक व्यक्ति अपने लिए I_0 का वरण करेगा–प्रत्येक यह भी सदाशयता व्यक्त करता है कि अन्य लोग मेहनत ही करते रहें, पर उनकी केवल अपने हित के प्रति 'समर्पण' की भावना का परिणाम सभी के लिए घातक होगा !

यह दाँव, जिसे 'बन्दी की द्विविधा' (Prisoner's Dilemma) कहा जाता है, सामूहिक बचत, कराधान आदि के सन्दर्भ में एक लागू हो सकने योग्य सहमतिपूर्ण हल (Enforceable Collusive Solution) के सम्बन्ध में बार-बार चर्चा में आया है। किन्तु श्रम के बारे में एक लागू करने के प्रावधान युक्त सामुदायिक अनुबन्ध की रचना कर पाना बहुत ही कष्टसाध्य हो सकता है। अतः यहाँ हमें कुछ दूसरे ही सबक सीखने को मिलेंगे। पूरे मनोयोग से कार्य करने के अनुबन्ध के सन्दर्भ में कार्य के परिवीक्षण (Work Supervision) में अनेक समस्याएँ आती हैं।[1] ऐसे परिवेश में मजदूरी व्यवस्था में प्रोत्साहन का तत्त्व बहुत उपयोगी रहता है। आवश्यकतानुसार भुगतान और कड़ाई के साथ परिवीक्षण की व्यवस्था का व्यावहारिक रूप में सफल हो पाना सन्देहास्पद ही रहता है।

इस सन्दर्भ में कार्य की प्रेरणाओं के सांस्कृतिक परिवेश का महत्त्व भी कम

---

1. यही परिवीक्षण श्रमिकों को ऐसा भास कराता है कि वे अपनी सामुदायिक समृद्धि की प्रेरणा से नहीं बल्कि किसी के आदेश और अधीनस्थता के कारण कार्य कर रहे हैं।

नहीं होता—बन्दी की द्विविधा में वरीयता अनुक्रम के निर्धारण में एक विशेष सांस्कृतिक स्वरूप परिक्षित होता है। ज़रा इस दूसरे वरीयताक्रम पर गौर करें : I_1P_1, I_oR_1, I_oR_o तथा $I_1 R_o$। यहाँ एक दूसरे ही 'दाँव' का निरूपण हो रहा है—इसे आश्वस्ति दाँव (Assurance Game) कहा जाता है। यदि इस बात को लेकर कोई व्यक्ति आश्वस्त है कि अन्य लोग पूरे मनोयोग से काम करेंगे तो वह भी जी नहीं चुराएगा। किन्तु यदि अन्य लोग काम नहीं करते तो वह व्यक्ति भी काम से दूर ही रहेगा। इस दाँव में इस प्रकार की तत्प्रतियुतता (Reciprocity) दिखाई पड़ती है। पारस्परिक विश्वास की स्थिति में यह दाँव एक उपयुक्त हल या समाधान तक पहुँच सकता है। यदि व्यक्ति अपने सामाजिक दायित्व के प्रति सजग हों तो फिर $I_1R_1, I_1R_o, I_oR_1, I_oR_o$ का वरीयता क्रम होगा। यहाँ तो सभी व्यक्ति सहज भाव से—'और लोग चाहे जैसा व्यवहार करें, मैं तो सही काम ही करूँगा' का अनुसरण करते हुए अपने कर्त्तव्य का निर्वाह करते रहते हैं—फिर किसी प्रकार के पारस्परिक विश्वास और परिवीक्षण की आवश्यकता भी नहीं रहती।

यदि लोगों की वरीयताओं में भिन्नता हो तो, 'बन्दी की द्विविधा' का कोई अर्थ नहीं रहता। पर उस अवस्था की विवेचना में कोई आनंद भी नहीं रहता। यहाँ सबसे अधिक महत्त्वपूर्ण बात तो यह है कि यदि व्यक्तियों की वास्तविक वरीयताएँ तो बन्दी की द्विविधा जैसी हों पर वे 'आश्वस्ति दाँव' के अनुरूप 'सामाजिक सजगता' का ढोंग या आडम्बर करते हुए भी व्यवहार करें तो भी उनकी अवस्था वास्तविक वरीयताओं की दृष्टि से बेहतर ही होगी। यहीं पर सांस्कृतिक रुझानों का प्रश्न महत्त्वपूर्ण हो जाता है। यहाँ, यद्यपि व्यक्तियों के क्षेमफलन तो अपरिवर्तित रहते हैं पर उन्हें सामाजिक दृष्टि से इस प्रकार व्यवहार करने को प्रोत्साहित किया जा सकता है कि उनके वास्तविक चयन का दिशावर्तन हो जाए। एक अन्य दृष्टि से यह नैतिकता का मामला ही है। जीवन में और भी अनेक क्षेत्रों में समाज ऐसे नैतिक मूल्यों की प्रतिस्थापना करता है जहाँ हम चयन को व्यक्तिनिष्ठ विवेक-आश्रित आकलन से मुक्त कराने का प्रयास करते हैं। वस्तुतः सामान्य सद्गुणों, जैसे कि ईमानदारी, वचन निभाना आदि भी इसी के उदाहरण हैं। यहाँ हम इसी सामाजिक संचेतना से कार्य करने के निमित्त प्रेरणा-प्रोत्साहन और आय के वितरण के सन्दर्भ में सार्थकता पर ही बल दे रहे हैं।

सांस्कृतिक क्रान्ति के आर्थिक मूल आधार

वरीयताओं और चयन के बीच यह द्वैधभाव अभिव्यक्त वरीयता (Revealed Preference) तथा नैतिक व्यवहार के सिद्धान्तों के सन्दर्भ में बहुत घातक सिद्ध हो सकता है। पर इस रचना में इन सम्भावनाओं पर हम विचार नहीं कर रहे। यहाँ तो यही बात महत्त्वपूर्ण है कि इस सारी चर्चा का आवश्यकता एवं कार्य-नियमों के

बीच टकराव से क्या नाता है। उसी नाते के प्रकाश में चीन में लम्बी छलाँग, जिसमें कार्यानुसार प्रतिफल से दूर हटने का प्रयास भी था, के बाद सांस्कृतिक पुनःरचना पर अत्यधिक बल दिए जाने की व्याख्या हो पाएगी।

चीन की सांस्कृतिक क्रान्ति के आर्थिक मूल आधार का बड़ी गहराई एवं सूक्ष्मता से अध्ययन होना चाहिए। उस आन्दोलन में अनेक प्रकार की शक्तियाँ सक्रिय थीं–पर सारे संघर्ष एवं वाद-विवाद में बार-बार भुगतान के वैकल्पिक स्वरूप एवं काम करने की प्रेरणा का प्रश्न भी अवश्य उठ रहा था। इस विषय पर आधिकारिक अधिसूचना के अनुसार ''सर्वहारा की महान सांस्कृतिक क्रान्ति' का उद्देश्य जन-जन के चिन्तन में क्रान्तिकारी बदलाव द्वारा बहुत विशाल, तीव्र, श्रेष्ठतर आर्थिक एवं अन्य परिणाम प्राप्त करना है...यह हमारे देश की उत्पादक शक्तियों के विकास की अत्यन्त सशक्त प्रेरणा शक्ति है। ''मार्क्स द्वारा गोथा के कार्यक्रम की आलोचना, जिसमें समाजवाद के प्रारम्भिक चरण' जब समाज पूरी तरह आर्थिक, नैतिक एवं बौद्धिक दृष्टि से पुरानी अर्थव्यवस्था की छाया में ही जी रहा हो, कार्य की प्रेरणाओं की अनेदखी पर कटाक्ष था, की याद दिलाते हुए से ये शब्द हैं : ''सांस्कृतिक क्रान्ति का आग्रह है नैतिक, बौद्धिक एवं शारीरिक। भौतिक विकास के लिए शिक्षण हो जिससे श्रमिकों में समाजवादी संचेतना एवं संस्कृति का संचार हो सके।''

चीन के कार्य की प्रेरणा एवं सांस्कृतिक क्रान्ति के प्रयोगों में चयन को व्यक्तिनिष्ठ वरीयताओं एवं वैयक्तिक क्षेम से मुक्त करने पर बहुत आग्रह रहा है। बार-बार लाभ-हानि का गणित किए बिना कार्य करने के आग्रह एवं व्यक्तिगत हित-लाभों के प्रति आक्षेपों का भी इसी विचार से सम्बन्ध रहा है। यह बन्दी की द्विविधा जैसी ही स्थिति है जिसमें अपने निजी हित-साधन से पैदा होने वाली परिस्थितियाँ सभी की सर्वाधिक वांछित स्थिति से कहीं घटिया सिद्ध होती हैं। दूसरी ओर, रूढ़िवादी भौतिकता का आश्रय लेकर अन्य प्रकार से व्यवहार करने का परिणाम सभी की सर्वाधिक वांछित अवस्था की प्राप्ति रहता है।

इसी प्रकार के विचार चीन की सांस्कृतिक क्रान्ति के एक आयाम से जुड़े थे–इन्हीं के द्वारा उस क्रान्ति का भुगतान की वैकल्पिक विधि के प्रयोग से भी नाता निश्चित होता है। यही नहीं, समाजवादी मुख्य धारा में कार्य एवं आवश्यकता नियमों के टकराव से जुड़ी चर्चा (जिसमें मार्क्स से लेकर लर्नर तक की पीढ़ियाँ भागीदार रही हैं) से भी उस सांस्कृतिक क्रान्ति की आर्थिक प्रेरणाओं का सम्बन्ध स्पष्ट दिखाई देता है।

यहाँ हम चीन में वितरण नीति में कार्य की अपेक्षा आवश्यकता पर अधिक बल देने के प्रयोग की सफलता अथवा निष्फलता की समीक्षा नहीं कर रहे। यहाँ तो इस प्रयोग का मार्क्स के समाजवादी वितरण एवं संसाधनों के उपयुक्त विभाजन एवं आय के आबंटन से जुड़े अन्य प्रचलित विचारों/संकल्पनाओं से सम्बन्ध को स्पष्ट

करना ही हमारा ध्येय रहा है। यह बात स्वाभाविक रूप से समाजवादी अर्थव्यवस्था में वितरण की समस्या से जुड़ी है। चीन ने प्रयोगों के इसके कई पहलुओं को बहुत स्पष्ट स्वरूप प्रदान किया है।

पात्रता एवं उत्पादिता

इस चर्चा के समापन से पूर्व मैं पात्रता (Desert) की संकल्पना पर भी कुछ विचार करना चाहूँगा। आर्थिक रचनाओं में पात्रता की कई वैकल्पिक संरचनाएँ मिल जाती हैं। कई बार सीमान्त उत्पादिता सिद्धान्त को भी पात्रता का सिद्धान्त बताया गया है। जे. बी. क्लार्क ने तो यह बात स्पष्ट रूप से उठाई ही थी, आय के वितरण से जुड़ी अनेक अन्य प्रतिस्थापनाओं में भी इसकी उपस्थिति निहित रूप से अवश्य रही है।

इसके विपरीत मार्क्स की शोषण की संकल्पना पात्रता का एक अलग ही सिद्धान्त प्रतिपादित करती हैं–इसमें तो श्रम को समग्र शुद्ध उत्पादन का अधिकारी घोषित कर दिया गया है। मार्क्स की इस प्रविधि के क्षेम या आदर्शसम्मत पक्षों पर किसी सीमा तक इसके विवरणात्मक पक्ष से जुड़ा विवाद हावी हो गया है, फिर भी इस बात पर कोई सन्देह नहीं हो सकता कि स्वयं मार्क्स तो अपने मूल सिद्धान्तों को पात्रता का सिद्धान्त ही मानते थे। ऐसी झलक उनके ग्रन्थ 'पूँजी' के खण्ड-1 भाग-III में भी मिलती है। इसमें मशीनों के उत्पादक होने का अस्वीकार नहीं किया जा रहा, बल्कि यहाँ विचार यह है कि प्रत्यक्ष एवं साकार रूप में तो श्रम ही सारे सृजित मूल्य का मूल स्रोत बन जाता है और इसीलिए उसे समग्र शुद्ध उत्पादन को भोगने का अधिकार भी होना चाहिए। लाभ तो उत्पादक साधनों के निजी स्वामित्व की सामाजिक व्यवस्था के किसी स्वरूप विशेष की झलक मात्र होते हैं।

श्रीमती जॉन राबिन्सन द्वारा निरूपित शोषण की संकल्पना में सीमान्त उत्पादन के पूर्ण प्रतियोगी मान को आरम्भिक बिन्दु माना गया है। इससे दूर हटने की प्रवृत्ति के आधार पर उन्होंने दो प्रकार के शोषण की बात उठाई है : (i) एकाधिकारीय शोषण, जो कि प्रतियोगी सीमान्त उत्पादन के मूल्य तथा सीमान्त आगम उत्पादन का अन्तर है, तथा (ii) एक-क्रमणीय शोषण (Monopsonistic Exploitation)–जोकि मजदूरी दर और सीमान्त आगम उत्पादन का अन्तर होता है। इन दोनों ही विचारों में पात्रता की संकल्पना किसी न किसी रूप में सीमान्त उत्पादिता सिद्धान्त से जुड़ी है और उसी के वैचारिक क्रम के अन्तर्गत उसका प्रतिपादन हुआ है–पर बाद में उन्होंने स्वयं ही इस विचार को नकार दिया था।

कहीं-कहीं पात्रता की किसी उपयुक्त कार्यक्रम से जुड़ी 'उपयुक्त' कीमतों के रूप में भी व्याख्या हुई है। ये वो कीमतें होंगीं जिनके सहारे किसी कार्यक्रम का चलते रहना सम्भव हो सकता हैं–अर्थात् यदि लोग उन कीमतों के आधार पर अपने

हितलाभ को अधिकतम करने का आकलन करें तो वे उस अभीष्टतम स्तर के अनुरूप चयन अपने आप ही कर लेंगे। जब दिए हुए ध्येय फलन एवं संरोधनों के अनुरूप एक अभीष्ट का आकलन सुनिश्चित हो जाए तो उस दशा में भी ऐसी कीमतों का सत्य अस्तित्व अनिवार्य नहीं होता। वस्तुतः बहुत कुछ तो आर्थिक मान्यताओं की प्रकृति पर ही निर्भर करता है–(अर्थात् क्या अर्थव्यवस्था में पैमाने के वृद्धिमान प्रतिफल का नियम लागू है, अथवा बाह्य मितव्ययिताएँ व्यवहार में आ रही हैं, आदि)।

ऐसी ही अभीष्टतम प्राप्ति के प्रयास का एक स्वरूप विशेष पैरेटो दक्षता की प्राप्ति का प्रयास है। कुछ मान्यताओं के पूरा होने पर बाजार में स्पर्धा द्वारा निर्धारित कीमतों का कोई समुच्चय भी इसके लिए पर्याप्त रहता है। नवक्लासिकी व्यवस्था में संसाधनों के प्रतिफल तो उनकी सीमान्त उत्पादिता के समान ही होते हैं–यह भी एक प्रकार से सीमान्त उत्पादिता को ही पात्रता का प्रतीक मानने का उदाहरण बन जाता है। पर पैरेटो दक्षता एक अत्यन्त संकुचित अवधारणा है–अतः नवक्लासिकी विचार तन्त्र के अन्तर्गत भी इस अवधारणा के आदर्शमूलक तत्त्व सहज ही स्वीकार्य नहीं हो पाते।

उत्पादिता और योग्यता

सम्बद्ध कीमतों से कहीं अधिक प्रबल पात्रता संकल्पना तो योग्यता के विचार पर आधारित है। योग्यता एवं उत्पादिता में दो भेदों पर ध्यान देना आवश्यक है। एक तो उत्पादिता का विचार सभी संसाधनों से जुड़ा होता है–पर योग्यता का नाता केवल श्रम से रहता है। भूमि के टुकड़े उपजाऊ हो सकते हैं, योग्य टुकड़े नहीं–इसी तरह हमारा वास्ता योग्य मशीनों से भी नहीं पड़ता। अतः योग्यता का विचार तन्त्र प्रत्यक्षतः सम्पत्ति से प्राप्त आय पर लागू नहीं होगा। दूसरे, श्रम के सम्बन्ध में भी उत्पादिता एवं योग्यता में दो प्रकार के अन्तर अवश्य देखे जा सकते हैं : (i) किन्हीं अवस्थाओं में योग्यता के प्रयोग के मौके ही नहीं आ पाते, और (ii) प्रशिक्षण, शिक्षण एवं सीखने के अवसरों से व्युत्पन्न कार्यकुशलता एवं व्यक्ति की अंतरंग आधारभूत योग्यता में भी भेद सम्भव हो सकते हैं।

अवसरों की समानता पर आग्रह में इसी अन्तिम भेद पर ध्यान आकर्षित किया जा रहा है–यह अवसरों की समानता भी मूलतः पात्रता से जुड़ा विचार ही है। यद्यपि पश्चिमी देशों में शिक्षा के प्रसार को अवसरों की समानता के प्रमाण के रूप में प्रस्तुत किया जाता है, किंतु, अनेक अध्ययनों में इस क्षेत्र की उपलब्धियों के प्रति गम्भीर सन्देह व्यक्त हुए हैं। हम यहाँ इन अध्ययनों के आँकड़ों की सत्यता की जाँच की अपेक्षा इस विधि को ही पात्रता आधारित आदर्शमूलक विचारों के समुदाय के अंग के रूप में देख पाना ही पर्याप्त समझेंगे।

योग्यता के अनुरूप पारिश्रमिक की व्यवस्था तथा किसी अभीष्टतम कार्यक्रम

से सम्बद्ध कीमतों के बीच एक भेद पर गौर करना भी महत्त्वपूर्ण होता है। व्यक्ति अपनी प्राकृतिक योग्यताओं को कीमत में कमी आने पर त्याग नहीं पाते—अतः उनके सन्दर्भ में प्रेरणाओं की बात असंगत हो जाती है। इस प्रकार योग्यता की असंवेदनशील आपूर्ति के कारण उनके लिए एक 'निश्चित' अभीष्टतम कीमत स्तर का निर्धारण सम्भव नहीं हो पाएगा—(क्योंकि किसी भी प्रतिफल पर उतनी ही आपूर्ति मिलती रहेगी)।

दक्षता के आधार पर योग्यता के प्रतिफल तय कर पाना भी कठिन रहता है। यहाँ तो पात्रता की दो संकल्पनाओं में ही परस्पर द्वन्द्व शुरू हो जाता है। एक संकल्पना में प्राकृतिक योग्यता के 'मान' के लिए अधिक प्रतिफल की माँग होती है, यह सामाजिक व्यवस्था के कारण अभिग्रहीत दक्षता के दावों को स्वीकार नहीं करती। दूसरे, विचार में इन अभिग्रहीत दक्षताओं को प्रेरणा के नाम पर पुरस्कृत करने की बात उठती है—उसमें प्राकृतिक योग्यताओं के पुरस्कार की कोई व्यवस्था नहीं हो पाती। हाँ, आवश्यकता के विचार से इन दोनों का ही टकराव बना रहता है।

पात्रता और आवश्यकताएँ

इस पुस्तक में मेरा आग्रह मुख्यतः आवश्यकताओं पर ही रहा है। यहाँ प्रस्तुत विश्लेषण पद्धति का रुझान भी इसी दिशा में है। इसके कई कारण हैं। एक तो पात्रता की कई संकल्पनाएँ हैं और उनमें बहुत तीखा टकराव तो अभी-अभी ही आपने देखा है। इसके विपरीत आवश्यकताओं के विचार की व्याख्या को लेकर कहीं अधिक मतैक्य दिखाई पड़ता है।

दूसरे, अपना रुझान स्पष्ट करते हुए मैं कह रहा हूँ कि मुझे लगता है कि वितरण विवेचन (जिससे विषमता भी जुड़ी है) में आवश्यकताओं का स्थान पात्रता से ऊँचा रहना चाहिए। यह ठीक है कि विषमता आकलन में अबाध्यकारी विवेचन सम्मिलित रहते हैं पर उस परिप्रेक्ष्य में पात्रता की कोई भी संकल्पना अधिक उपयुक्त नहीं लगती।

(1) आइए, सबसे पहले पात्रता की प्रेरणात्मक (Incentive oriented) व्याख्या पर विचार करें। प्रेरणाओं की व्यवस्था किसी लक्ष्य की प्राप्ति का माध्यम मात्र हो सकता है—जबकि आवश्यकताओं की सम्पूर्ति तो अपने आप में वांछनीय बात होगी। यदि किसी आवश्यकता से असम्बद्ध प्रेरणा-प्रेरित विषमतापूर्ण वितरण को उचित ठहराया भी जाता है तो यह औचित्य साधन किन्हीं गैर-वितरण कारकों के आधार पर ही होगा (जैसे आय का अधिक बड़ा आकार आदि)। इसके विपरीत यदि सापेक्ष आवश्यकताओं में अन्तर हों और उन अन्तरों के कारण आय की विषमताओं का पक्ष लिया जा रहा हो तो यह बात वितरणात्मक कारकों के अनुरूप औचित्यपूर्ण होगी।

(2) अब श्रेष्ठतावाची (Merit-oriented) पात्रता व्यवस्था के आधार पर प्राकृतिक योग्यता सम्पन्न व्यक्ति को अधिक आय देने पर विचार करें। इस व्यवस्था में स्वाभाविक रूप से कम 'प्रतिभाशाली' व्यक्तियों को कम आय मिलती है। इन 'प्रतिभाविहीनों' में वे असमय में ही वृद्ध हो जाने वाले बच्चे (Thalidomide babies) भी होंगे जो कल जवान होने वाले हैं—पर अपनी जीवन में ही किन्हीं प्राकृतिक कारणों से ये अपंगप्राय एवं प्रतिभाहीन हो जाएँगे। यह एक जैवशास्त्रिक रोग है। पर आवश्यकता पर आधारित व्यवस्था में मानवता कहे जाने वाले जटिल विचार को अधिक उपयोगी माना जाएगा। यदि श्रेष्ठता के विंचार का सीमित स्वरूप में ही प्रयोग किया जाए तो अतिश्रेष्टता सम्पन्नों को सामान्य से अधिक तथा अल्प विकसितों को भी सामान्यप्राय आय दी जा सकती है। अतः कहा जा सकता है कि श्रेष्ठता के मानदण्ड भी सांस्कृतिक परिवेश पर निर्भर करते हैं। हममें से कितने ही ऐसे समाज में रहकर सन्तुष्ट हो सकते हैं जहाँ खर्राटे भरने से कहीं ज्यादा महत्त्व व्याख्यान देने का माना जाता है, और हम उन खर्राटेबाज़ों के समाज के अस्तित्व की सम्भावनाओं पर पूरे मनोयोग से धुआँधार भाषण झाड़ने की योग्यता से सम्पन्न भी हो सकते हैं। श्रेष्ठता के रूप में योग्यता न केवल एक दुर्घटना का परिणाम प्रतीत होती है, बल्कि इसे श्रेष्ठता मानना तो अपने-आप में ही दुर्घटना लगती है।

(3) मार्क्स के पात्रता पर आधारित श्रम के मूल्य निर्धारण ने मानवमात्र को उत्पादक संसाधनों के स्वामित्व को लेकर वर्गानुगत अन्तरों के कारण पैदा हुई विषमताओं के प्रति जागरूक बनाने में बड़ी भारी भूमिका निभाई है। पर जैसा हमने देखा, मार्क्स ने श्रम के फल के प्रति इसे एक 'बुर्जुआ अधिकार' ही माना है जिसमें आवश्यकता के आधार पर अवसर मिलते ही परिमार्जन किया जाना है। सम्पत्ति और आय की आलोचना के रूप में श्रम को अपना पूरा मेहनताना मिलने का विचार स्वाभाविक रूप से आकर्षक है। परन्तु इस आकर्षण के बावजूद इसे 'सम्भव होने पर' आवश्यकता के अनुरूप वितरण के नियम से श्रेष्ठ ठहरा पाना सम्भव नहीं होता। यह सम्भव होने की बात ही हमें वापस प्रेरणाओं, सांस्कृतिक जीवन मूल्यों और गैर वितरण आधारों पर विषमता सहन कर पाने आदि की ओर ले जाती है। इस मुद्दों पर हमने इसी अध्याय में काफी चर्चा की है।

(4) नवक्लासिकी सीमान्त उत्पादिता सिद्धान्त (Neo-classical Marginal Productivity Theory) की क्षेम सिद्धान्त के रूप में व्याख्या कर पाना सहज नहीं है। हमने दिखाया है कि, यदि इस विचार के लिए कोई स्थान बनता भी है तो वह किसी अभीष्टतम कार्यक्रम से सम्बद्ध कीमतों से जुड़ी प्रोत्साहन व्यवस्था के अंग के रूप में ही होता हैं। किन्तु नवक्लासिकी प्रतिमान में ये स्पर्धा-निर्धारित कीमतें केवल पैरेटो दक्षता ही सुनिश्चित कर पाती है। हम जानते ही हैं कि यह दक्षता बहुत ही संकीर्ण और सीमित-सा ध्येय होती है। हमने यह भी दिखाया है कि प्रतिभाशालियों

को किए गए कुछ उच्च भुगतान में किसी सीमा तक (सीमित आपूर्ति के कारण पैदा हुआ) लगान का तत्त्व भी होता है। उसके कारण तो प्रेरणा-प्रोत्साहन व्यवस्था भी और उलझकर रह जाती है।

इसी सामान्य परिवेश में मैंने विषमताओं के मूल्यांकन में पात्रता की अपेक्षा आवश्यकताओं के विश्लेषण पर अधिक ध्यान देना उचित समझा है। पुरातन एवं नव क्षेम अर्थशास्त्र की मुख्य धारा से तो इस कार्य में बहुत कम ही सहायता मिल पाई है। हमने वैयक्तिक तुलनाओं के लिए एक व्यापक विश्लेषण तन्त्र का प्रयोग किया है। इसे R का औपचारिक स्वरूप दिया गया है। इसी के अनुसार आकलन में सिद्धान्तों एवं विषमता के सांख्यिकीय मापकों की व्याख्या की गई है। विषमता के विचार की अन्तर्निहित अपूर्णता एवं उसमें विवरणात्मक और आदर्शवादी तत्त्वों के सम्मिश्रण के कारण विषमता आकलन का स्वरूप ग़ैर-बाध्यताकारी और अर्द्ध-क्रमिकता के रूप में अभिव्यक्त मूल्यांकन विवेचन का रहा है। जिन वैकल्पिक विश्लेषण विधियों पर विचार किया गया है, वे सभी इस व्यापक विचार-तन्त्र के अन्तर्गत ही आ जाती हैं।

□□

विषय संदर्भ

शब्दावली

अर्द्ध-उत्तरोत्तरता (Quasi-transitivity) उत्तरोत्तरता के विचार का सुस्पष्ट वरीयताओं पर लागू होना।

अर्द्धक्रमिकता (Quasi-ordering) कई बार विभिन्न विकल्पों का स्पष्ट क्रमनिर्धारण नहीं हो पाता—(ऐसा उस समय अधिक होता है जबकि एक से अधिक कसौटियों के अनुसार क्रम निर्धारण का प्रयास किया जा रहा हो)। फिर भी उन दशाओं में आंशिक या आधा-अधूरा वर्गीकरण या क्रमनिर्धारण भी उपयोगी सिद्ध होता है। इसी अस्पष्ट या अपूर्ण क्रमनिर्धारण को अर्द्धक्रमिकता कहा जाता है।

अर्द्धक्रमिकता संच्छेदन (Intersection (of) Quasi-orderings) अनेक कसौटियों पर आधारित अर्द्धक्रमिकताओं के सांझे सूत्रों (संच्छेदक) के आधार पर अधिक व्यापक क्रमिकता का निरूपण।

अनामिकता (Anonymity) सामाजिक वरीयता के निर्धारण में इस बात का कोई महत्त्व नहीं होना कि कौन व्यक्ति किस बात को अधिक चाहता है।

अनिर्बंध प्रभाव क्षेत्र (Unrestricted Domain) सभी संभव वैयक्तिक क्रमिकता संयोजनों पर मान्य होना।

अबाध्यताकारी विवेचन (Non-compulsive Judgements) ऐसा विवेचन जो किसी विशेष प्रकार से व्यवहार का सुझाव देता हो और उस सुझाव का स्पष्ट आधार बताता हो—पर जिसमें उस सुझाव को मानने के प्रति बाध्यता न हो।

अवनतोदरता (Concavity) सामाजिक/वैयक्तिक क्षेमफलनों की विशेषता, जिसके अन्तर्गत किन्हीं दो स्तरों के क्षेमफलनों का भारित योग, (यदि भारों का योग एक इकाई बनता हो) उन स्तरों के भारित योग के फलन से कम ही रहता है।

असंबद्ध विकल्पों से स्वतंत्रता (Independence of Irrelevant Alternatives) किन्हीं दो विकल्पों x तथा y के बीच सामाजिक वरीयता का अन्य किसी भी विकल्प से अप्रभावित रहना।

उत्तरोत्तरता (Transitivity) यदि y की अपेक्षा x बेहतर हो तथा z की अपेक्षा y तो फिर x इन दोनों से बेहतर होगा।

उत्पादिता (Productivity) कोई व्यक्ति सामाजिक उत्पादन में कितनी कुशलता से हाथ बंटाता है।

उपयोगितावाद (Utilitarianism) उपयोगिता को ही हर प्रकार के निर्णय की कसौटी बनाने का सामाजिक दर्शन—यहां सामाजिक क्षेम को भी सामाजिक उपयोगिता—अर्थात् समाज के सदस्यों को मिली उपयोगिता के योग द्वारा ही जाना-पहचाना जाता है।

कार्य/योगदान विधि (Work Contribution) व्यक्तियों के आय अंशों का उनके सामाजिक उत्पादन में योगदान के आधार पर निर्धारण।

क्षेमपरक लक्षण (Normative Features) ऐसी विशेषताएं जो क्षेम का आभास कराती हैं। इनका स्पष्ट मापन सहज नहीं होता, फिर भी इनके आधार पर तुलना का प्रयास अवश्य हो सकता है।

गिनी-गुणक (Gini Coefficient) गिनी नामक विशेषज्ञ के नाम पर चर्चित गुणांक (यह विषमता के स्तर का एक बहुचर्चित एवं प्रयुक्त मापक है।)

थाएल का 'उत्क्रम' मापक (Theil's Entropy Measure) सांख्यिकीविद् एच. थाएल ने ताप गत्यिकि के उद्धरण की भांति ही 'विषमता' का मापन करने का विचार सुझाया है। .इसी को 'उत्क्रम मापक' कहा जाता है।

दांव सिद्धांत (Game Theory) गणित की एक विशेष शाखा—यहां जूएख़ाने में दांव लगाने में निहित 'आकलन' विधि के सहारे व्यक्तियों की निर्णय प्रक्रिया का विश्लेषण किया जाता है।

निर्णायकप्राय (Almost Decisive) अन्य व्यक्तियों की वरीयता अलग होने पर भी जिन व्यक्तियों की वरीयता का सामाजिक निर्णय प्रक्रिया पर निर्णायक प्रभाव पड़ता है उन्हें निर्णायकप्राय कहा जाता है।

'न्यूनतम के अधिकतमीकरण' का समतावाद (Maximin Egalitarianism) समतावाद का वह स्वरूप जो समाज के निम्नतम वर्ग को होने वाले लाभ का स्तर अधिकतम करने में ही सामाजिक क्षेम के उच्चतम स्तर की प्राप्ति को खोजता है। इस विचार के प्रतिपादकों का मत है कि वही नीति उपयुक्ततम होगी जिसमें समाज के सबसे कमज़ोर वर्ग का सबसे अधिक हित साधन निहित हो।

पात्रता (Desert) व्यक्ति की सामाजिक उत्पादन में से अंश प्राप्ति की पात्रता।

पीगू-डाल्टन शर्त (Pigou-Dalton Condition) यदि ग़रीब व्यक्ति की आय का कुछ भाग किसी अमीर को दे दिया जाए तो इससे विषमता में वृद्धि होनी चाहिए। यह सहज- विवेक आधारित विचार एच डाल्टन एवं ए. सी. पीगू ने इसी 1920 के दशक मे किसी भी विषमता मापक के आवश्यक गुण के रूप में प्रतिपादित किया था।

पैरेटो कुशलता/दक्षता (Pareto Optimality) इटली के सामंत विल्फ्रेडो पैरेटो के नाम से जुड़ी अवधारणा। इसके अनुसार किसी आबंटन/वितरण/विभाजन को उपयुक्ततम या कुशलतम या 'सर्वश्रेष्ठ' माना जाता है यदि किसी को हानि पहुंचाए बिना किसी अन्य को लाभ नहीं हो पाए।

प्रसरण (Range) अधिकतम एवं न्यूनतम का अन्तर।

प्राचल (Variance) इकाइयों के औसत से अन्तरों के वर्गों की औसत।

प्राचल गुणांक (Coefficient of Variation) प्राचल के वर्गमूल एवं औसत का अनुपात

प्रायिकता-आश्रित समतावाद (Probabilistic Egalitarianism) ए. पी. लर्नर के समतावादी विश्लेषण का आधार यही है कि सभी व्यक्तियों की क्रमवाची क्षेमफलनों के एक समान होने की संभाव्यता या प्रायिकता बहुत अधिक होती है। अतः सब की आय समान रहने पर ही सामाजिक क्षेम के स्तर को अधिकतम कर पाने की संभाव्यता भी सबसे अधिक होगी।

बंदी की द्विविधा (Prisoner's Dilemma) दांव सिद्धांत का एक प्रतिमान विशेष। (जेल से भागने के लिए योजना बन रही है।) एक कैदी जिसकी सज़ा शीघ्र ही समाप्त होने वाली है—उसे दुविधा है कि वह सुरंग से भागकर तुरंत आजाद हो जाए—पर पकड़े जाने पर इस अपराध की सज़ा भी हो सकती है—अथवा कुछ समय बाद पुरानी सज़ा समाप्त हो जाने का इन्तज़ार करे।)

मृदु समता सूक्ति (Weak Equity Axiom) यदि समाज का कोई सदस्य अन्यों की तुलना में न्यून क्षेमस्तर पर रह गया हो तो आय में उपयुक्ततम वितरण पाने की दृष्टि से उस व्यक्ति को अपेक्षाकृत अधिक आय प्रदान करने का विचार।

योजीय पृथकता (Additive Separability) सामाजिक क्षेमफलन का वैयक्तिक क्षेम-फलनों के योग के रूप में निरूपण।

लघुगणकों का मानक विचलन (Standard Deviation of Logrithms) प्राचल के वर्गमूल को ही मानक विचलन कहा जाता है। यदि मूल इकाइयों की बजाए अनेक लघुगणकों का मानक विचलन आकलित किया जाता है तो कुछ और विश्लेषणात्मक अंतर्दृष्टि की अपेक्षा रहती है।

लॉरेन्ज़ वक्र/आंशिक क्रमिकता (Lorenz Curve/Partial Ordering) लॉरेन्ज़ वक्र की रचना शतांश जनसंख्या के आय में शतांश को इकाई चित्र में अंकित करने से होती है। विकर्ण एवं इस वक्र के अन्तर को विषमता का मापक माना जाता है। पर यह मापक भी एक अर्द्ध अथवा आंशिक क्रमिकता का ही द्योतक है क्योंकि यह सभी अवस्थाओं में विषमता का सटीक विवेचन नहीं कर पाता।

वस्तुपरक लक्षण (Objective Features) ऐसे लक्षण जिन्हें स्पष्टतः जाना-पहचाना व मापा जा सकता है।

वितरणात्मक निर्णय (Distributional Judgements) समाज के विभिन्न सदस्यों के बीच बंटवारे से जुड़े निर्णय।

विषमता (Inequality) आय, संपत्ति, उपभोग स्तर या सामान्य क्षेम के स्तर में भारी अन्तर।

संपूर्णता (Completeness) सभी संभव विकल्पों के बीच संबंध स्थापित कर पाने की क्षमता।

समतावाद (Equalitariarism) 'सभी की आय समान हो' यह आग्रह करनेवाला विचार।

सापेक्ष औसत विचलन (Relative Mean Deviation) विभिन्न इकाइयों के औसत से अन्तरों का चिह्नों को भुलाते हुए योगफल एवं उन इकाइयों के योग का अनुपात।

सामाजिक क्षेमफलन (Social Welfare Function) बर्गसां एवं सैम्युलसन नामक अर्थशास्त्रियों की अवधारणा—यह सामाजिक क्षेमफलन का विचार विभिन्न संभव सामाजिक दशाओं के 'समुच्चय' पर एक ऐसी कसौटी को परिभाषित करती है जो सामान्यतः समाज के सदस्यों की उन दशाओं के बीच क्रमिकताओं को आधार बना पूरे समाज की क्रमबद्धता का निर्णय करती है।

स्वसमता (Reflexivity) किसी भी x का कम-से-कम अपने समान अवश्य होना।